GRAN PODER DE BRUJA

*

HECHIZOS PARA
BRUJAS MODERNAS

GRAN
PODER
DE BRUJA

Semra Haksever

Ilustraciones de Olivia Healy

CONTENIDOS

Saludo y bienvenida   6

Cómo usar este libro   8

Qué significa ser bruja   **18**

Gran poder de bruja   **26**

Amor propio radical   **50**

Las brujas necesitan hechizos   **86**

    Las brujas necesitan dinero   **88**

    Las brujas necesitan coraje   **100**

    Las brujas necesitan suerte   **104**

    Las brujas necesitan amor   **110**

    Las brujas necesitan protección   **116**

Fuentes externas   **120**

Brujería y adoración   **138**

Epílogo   150

Glosario   152

Lecturas recomendadas   155

Índice   156

Agradecimientos   159

Acerca de la autora   159

SALUDO Y BIENVENIDA

Mi propósito con este libro es invitarte a armarte con tu gran poder de bruja.

En el libro, te pido que reconozcas la abundancia de poder que hay dentro de ti, que practiques la autoaceptación, que te sientas cómoda y confiada en tu piel y que cuestiones las expectativas que la sociedad pone en ti.

Muchos de los hechizos y rituales que encontrarás aquí están inspirados en conversaciones con amigas y clientas. Veo que los mismos desafíos y creencias de desempoderamiento aparecen una y otra vez, desde sentimientos de baja autoestima hasta dificultades para crear límites, vergüenza de nuestros cuerpos, miedo al envejecimiento, presión para cumplir expectativas... No sigo, pero estoy segura de que imaginas cómo de larga sería la lista.

El hecho es que la vida no es «talla única». Todos somos singulares y nuestros caminos vitales son distintos, sin embargo, la presión de vestir o vivir de una determinada manera es limitante y puede hacernos sentir como si estuviéramos fallando.

Mi deseo es que este libro te inspire para aprovechar tu magia, y te ayude a desafiar pensamientos, creencias y expectativas sociales. Despertemos nuestra energía y poder de brujas y cuestionemos el condicionamiento patriarcal, luchemos contra la opresión y las injusticias, y cuidémonos mientras lo hacemos.

El patriarcado nunca ha sido amigo de las brujas: recordemos esa triste y dolorosa época en que personas inocentes (principalmente mujeres) fueron acusadas de brujería. Se las persiguió y asesinó por no vivir dentro de los designios patriarcales, atreverse a ser solteras, sin hijos y sexualmente activas o por hablar y levantar su voz.

Es imposible no sacar la conclusión de que las personas que conectan hoy con el arquetipo de la bruja también se han sentido perseguidas o juzgadas por nuestro sistema patriarcal en algún momento de sus vidas. Y por eso elegí titular este libro *Gran poder de bruja*. En lugar de ocultar nuestras identidades de brujas por miedo a la opresión, abracemos el poder que nos dan, caminemos siendo conscientes de que estamos dotadas de magia. El patriarcado teme a las mujeres poderosas, las que han visto la fragilidad de sus estructuras y están listas para derribarlas. La brujería es la herramienta definitiva de supervivencia al patriarcado, que nos brinda una sensación de curación, empoderamiento y conexión con nuestra vida.

Este libro no va de supersticiones que minimicen el poder de esta energía. Léelo para reconocer y honrar el linaje y el poder del símbolo de la bruja, al tiempo que exploras tu propia energía.

Que los hechizos y rituales de este libro creen cambios energéticos radicales y que empoderen tu propia vida y las de cuantos te rodean.

Creo de verdad que las brujas ostentan el poder de cambiar el mundo.

Con cariño,

SEMRA

CÓMO UTILIZAR ESTE LIBRO

La forma en que abordes este libro depende en gran medida de ti. Puedes seguir estos hechizos al pie de la letra o bien ser inconformista y adaptarlos como te parezca.

Espero que resulte accesible para las brujas primerizas y ofrezca algo nuevo a experimentadas hechiceras también. Sea cual sea tu caso, trata de no preocuparte por cometer errores; lo importante es que hagas todo con intenciones puras. He aquí algunas pautas que trato de tener en cuenta mientras practico magia; aunque no son definitivas, es bueno entenderlas antes de comenzar:

- Permite siempre que la magia fluya. Nunca la fuerces.

- Respeta la magia. Solo practícala cuando puedas poner tu corazón y alma en ello, nunca porque sientas que debes hacerlo.

- Si es luna nueva y quieres establecer intenciones pero no te sientes con energía, espera hasta que notes que estás en el lugar mental correcto, para concentrarte y conseguir que sea una experiencia memorable.

- Escribe un «Libro de Sombras» y registra tus hechizos para poder releerlos y repetir los que hayan funcionado o modificarlos según sea necesario.

- Conserva recuerdos, momentos, poemas y citas de amigos o pensadores que te inspiren para la magia.

- Reconoce y respeta siempre las diferentes culturas y tradiciones; es muy importante honrar las raíces de tu magia.

- Comparte la magia con el mundo. Cuando pidas manifestaciones, acuérdate de no hacerlo siempre todo para ti. Envía deseos de buena fortuna y libertad a todo el mundo, en reconocimiento de que todos estamos conectados energéticamente.

- Recuerda: nunca se comparte demasiado amor y magia. El amor y la magia son ilimitados. Existe un suministro interminable de ambos.

- Es importante recordar que la magia funciona de maneras misteriosas, y a veces los resultados surgen de maneras inesperadas. Debes creer que la magia funcionará; nunca la realices por probar.

- Y, lo más importante, no olvides que eres una fuerza cósmica.

ARTÍCULOS BÁSICOS PARA LA MAGIA

Esta sección trata sobre lo que necesitarás saber para usar este libro, como las hierbas y flores necesarias, cómo mezclar hechizos y cómo usar el carbón caliente. Consulta este apartado cuando no estés segura de algo, y emplea el glosario de las pp. 152-154 para obtener más información sobre cada planta.

Caja de herramientas de brujería

No existe un conjunto «ideal» de herramientas. Descubrirás que tu colección crecerá constantemente. A medida que crees hechizos, es posible que descubras una conexión más fuerte con algunas hierbas y aromas que otros, y algunos pueden funcionarte y otros no; no pasa nada.

Es muy útil conservar todos tus ingredientes mágicos en un solo lugar. Podrías envolverlos en un pañuelo de seda, dentro de una bonita caja, o tal vez dispongas de un armario o estante designado para tus herramientas e ingredientes mágicos, libros de hechizos y cartas del tarot.

He aquí una lista de las hierbas, flores, aceites y herramientas necesarias para la mayoría de los hechizos de este libro, que debería ser un buen punto de partida. En la p. 152 encontrarás una lista más detallada de los ingredientes de los hechizos y todas sus correspondencias mágicas.

Hierbas, flores y resinas

Albahaca
Artemisa
Canela
Cardamomo
Clavo de olor
Hojas de laurel
Incienso
Jengibre
Lavanda
Manzanilla
Menta
Mirra
Nuez moscada
Pachulí
Pimienta de Cayena
Pimienta negra
Romero
Rosa
Salvia
Sándalo
Tomillo

Aceites esenciales

Bergamota
Jazmín
Manzanilla
Pachulí
Rosa
Salvia

Herramientas

Mortero y mano de mortero

Discos de carbón

El carbón caliente se utiliza para
quemar mezclas de incienso a
base de hierbas, como se indica en
bastantes hechizos de este libro. El
humo representa el elemento aire en
la magia. Envía mensajes poderosos a
los espíritus y al universo.

Si no lo has usado antes, he aquí una
breve explicación. Sujeta el disco de
carbón con unas pinzas sobre una
llama durante 10-20 segundos o hasta
que comience a chisporrotear, luego
colócalo en un recipiente a prueba
de calor. Echa las hierbas y resinas
sobre el disco.

Si no dispones de un recipiente
resistente al calor, usa un cuenco de
gres o cerámica grande lleno de sal,
arena o tierra.

Caldero

Para quemar y mezclar ingredientes.

Pinzas

Para sujetar el carbón caliente.

Surtido de velas de colores

Si no dispones de diferentes colores,
úsalas blancas.

Surtido de cordel de colores

Si no dispones de diferentes colores,
úsalo blanco.

Aceites portadores

Se usan en la mezcla de pociones para
ungirlas en la piel. Puedes emplear:
· Aceite dulce de almendras
· Caléndula
· Cardo
· Coco
· Jojoba

Cristales

· Amatista
· Calamita
· Cuarzo rosa
· Cuarzo transparente
· Turmalina negra

Sal negra

Para elaborar sal negra, mezcla restos
de carbón caliente con sal ordinaria.

RITUALES
Y HECHIZOS

Al crear un ritual, envías al universo un mensaje poderoso y directo de intención.

El objetivo del hechizo es reunir energía y cambiar tu frecuencia vibratoria para alinearla con tus intenciones. Los principales componentes para el éxito del hechizo son una concentración completa y una creencia total en lo que se está haciendo.

Siempre es importante recordar que el nivel de energía que se pone en el hechizo es la energía que este tomará, así que confía y realízalos con una visión clara del resultado. Trata de no ponerte nerviosa ni asustarte, ya que eso puede bloquear el hechizo y hacer que no funcione.

Es importante respetar la magia. Si estás creando un hechizo, dale tiempo y espacio, no te apresures y conviértelo en una experiencia especial.

Prepara el espacio antes de un ritual y reserva el tiempo en tu calendario para que no te molesten. Recuerda que reunir los componentes y preparar el espacio forman parte del ritual. Las velas, el incienso, tu vestimenta y la música son componentes importantes para un ritual poderoso.

Recomiendo un poco de limpieza antes de la magia, incluida una limpieza energética con salvia o romero y una limpieza real del espacio físico: ¡no hay nada como hacer la cama con las sábanas limpias usadas para los rituales!

Además, observa si hay algo de lo que desees deshacerse antes del ritual. Recuerda que los objetos almacenan energía, por lo que a veces una limpieza de lo material puede dejar sitio para lo que se esté invocando.

Puedes comenzar con un baño, al que añadirás unas gotas de aceites esenciales de limón, romero y salvia; esta combinación es ideal para una limpieza de cuerpo y energía.

Vístete para la ocasión, con ropa que te haga sentir empoderada.

A continuación, dispón un altar. Créalo con imágenes de diosas o dioses, cristales, sal, velas, incienso o cualquier cosa especial para ti que añada poder a tu magia. Podría quedar montado permanentemente o ser un altar configurado especialmente para cada ritual. Si es este el caso, prepara el altar en la dirección que corresponda con tu hechizo o incorpore todos los elementos.

Especificaré en cada hechizo si hay una dirección o un elemento concretos asociados con él, pero aquí dejo una guía:

Norte Asociado con la tierra. El crecimiento personal, la conexión a tierra, la seguridad, el hogar, la prosperidad y la abundancia están vinculados al norte.

Este Asociado con el aire. Oriente tiene vínculos con la curación, los nuevos comienzos, la fuerza, la claridad y el renacimiento.

Sur Asociado con el fuego. Conectado a la pasión, el amor, el sexo, la fuerza, el coraje, la protección y la creatividad.

Oeste Asociado con el agua. Vinculado a la curación, los nuevos comienzos, la adivinación y la guía espiritual.

CONEXIÓN CON LA TIERRA

Realizar un hechizo puede dejarte un poco mareada, por lo que es importante conectarte con la tierra y todo lo que está debajo de tus pies, y sentirte arraigada y centrada en tu cuerpo para poder concentrarte en la magia.

Para ello, cierra los ojos e imagina que eres un árbol gigante situado en medio de un campo. Observa qué estación del año es, si tus ramas tienen flores u hojas. Imagina que tus pies son el tronco y de ellos salen tus raíces.

Siente tus raíces extendiéndose desde las plantas de tus pies y hundiéndose, empujando a través del suelo hacia abajo. Imagina las raíces atravesando tierra, rocas, manto, metales de la corteza terrestre y viajando hasta el fondo... Visualízalas recorriendo 6.378 kilómetros, hasta el núcleo de la Tierra. Reflexiona sobre este sentimiento de conexión.

MANTRAS Y AFIRMACIONES

Repetir mantras y afirmaciones puede ser otra forma poderosa de centrarse y concentrarse. Por ejemplo, repetir «Yo soy amor» durante 5-10 minutos con los ojos cerrados es una declaración simple pero poderosa.

También puedes decirte: «Estoy conectada con la tierra», «Estoy protegida», «Estoy a salvo», «Merezco cosas buenas», «Soy mágica», «Soy imparable», «Está bien que declare mis necesidades».

O cualquier otra cosa relacionada con la magia que vas a practicar.

Reconocer a los guías espirituales y ancestros, conocidos y desconocidos, también ayuda a elevar la frecuencia mágica: toca una campana o aplaude para invocarlos y luego pídeles orientación y protección para conjurar tu hechizo.

El incienso es ideal para conectar con los espíritus: quema un poco de resina de incienso o unge una vela púrpura con un poco de aceite esencial de incienso como ofrenda.

Al final de un ritual, toca una campana o aplaude y di en voz alta: «La magia está hecha». Puedes darte palmadas en el cuerpo y patalear para volver a tu cuerpo. (Encontrarás más información para conectar con deidades y espíritus en las pp. 143-149.)

VISUALIZACIÓN

La visualización es una técnica común en rituales y hechizos que requiere cerrar los ojos y sintonizar con una imagen visual que se desarrolla en el ojo de tu mente.

A veces, sintonizar de esta manera no es tan fácil, así que si esta técnica te resulta difícil, intenta visualizar algo que hayas visto y experimentado muchas veces. Por ejemplo, imagina que estás comiendo una manzana. Cierra los ojos y recuerda la sensación de sostenerla en la mano, concéntrate en su color, peso y textura, y luego dale un mordisco. Trata de recordar su olor, cómo cruje, su sabor. Luego imagina que la comes en un lugar en particular, como tu cocina, una playa o en el trabajo. Mientras lo haces, tómate un tiempo para observar el entorno y los sonidos. Esta visualización se puede convertir en comer una manzana en el lugar o energía que estés tratando de reunir.

Si te cuesta crear una referencia visual, recurre a tus sentidos y emociones. Tal vez puedas recordar un sentimiento o emoción vinculados con un recuerdo en que sintieras la energía con la que estás tratando de conectar.

Si no lo consigues de esta manera (a algunas personas les sucede, y no pasa nada), usa un bolígrafo y papel para escribir o dibujar algo que describa lo que te gustaría visualizar.

Qué significa ser bruja

Hay muchas maneras de ser una bruja. Para mí, es un estilo de vida más que algo que «hago». Mi religión es creer en la magia, las energías, las frecuencias y lo invisible, y eso contribuye a la forma en que vivo mi vida.

Las brujas viajamos por esta vida en constante asombro de la naturaleza, su magia y su poder. Creemos en la poderosa medicina de las hierbas y honramos sus propiedades mágicas. Las brujas estamos fuertemente conectadas con los animales, los antepasados y los guías espirituales; somos conscientes de que velan por nosotras. Siempre estamos comunicándonos con el universo, captando señales, signos y ubicaciones planetarias.

Las brujas experimentamos un enorme crecimiento personal, curándonos a nosotras mismas y a nuestros seres queridos, y siempre apreciamos la sabiduría que proviene de las profundidades de la vida. Lo más importante es que conocemos el gran poder de la palabra «bruja» y respetamos su origen, su historia y a todas las brujas que nos precedieron.

¿QUÉ TIPO DE BRUJA ERES TÚ?

Hay distintas maneras de identificarse como bruja, dependiendo de las pasiones, intereses y creencias. Es posible que sientas una conexión con un tipo particular de brujería, con más de uno o un poco con todos. Averigua con cuál te identificas de la siguiente lista:

Bruja de ciudad
No todas las brujas gozamos de acceso a tanta naturaleza como nos gustaría, incluso aunque seas afortunada y dispongas de un jardín, así que en su lugar las brujas de ciudad se centran en usar su magia poderosa dentro de sus hogares. Inodoros para apartar algo de sí o la tierra de sus plantas de interior para enterrar semillas y cultivar sus propósitos, o trabajar con la luna a través de una ventana o un tragaluz.

Bruja de cocina
Cocinar es un ritual para estas brujas, que invocan el poder de los alimentos para nutrir, sanar y crear magia. Las brujas de cocina usan recetas para fijar los propósitos y enviar energía a la comida.

Bruja de adivinación
Esta bruja sintoniza con su energía psíquica. Puede leer cartas del tarot y del oráculo, péndulos o las manos.

Bruja solitaria
Disfruta de su propia compañía y prefiere realizar rituales sola.

Bruja de cerco

Mantiene una fuerte conexión con el mundo espiritual y posee un profundo conocimiento de la magia medicinal de las plantas. Es experta en crear tinturas, remedios y pociones curativas a base de plantas.

Bruja cósmica

Usa la astrología y realiza hechizos y rituales siguiendo las lunas y ubicaciones planetarias.

Bruja elemental

Utiliza el poder de la tierra, el fuego, el agua y el aire en sus rituales mágicos.

Bruja wiccana o gardneriana

La wicca es una religión pagana moderna basada en la naturaleza instaurada por Gerald Gardner en su libro de 1954 *El significado de la brujería*. Los wiccanos celebran fiestas paganas, el cambio de estaciones y la Rueda del Año.

Bruja ecléctica

Si conectas con más de un tipo de brujería de esta lista, probablemente seas una bruja ecléctica. Estas brujas se valen de la sabiduría de todas las formas de brujería y crean sus propias tradiciones.

UNA (MUY) BREVE HISTORIA DE LA CAZA DE BRUJAS

Entre los siglos XIV y XVIII se produjo una enorme atrocidad judicial en toda Europa (y más tarde se extendió a América): miles de personas, principalmente mujeres inocentes, fueron acusadas de brujería. Tras ser perseguidas, fueron brutalmente torturadas hasta obligarlas a ofrecer confesiones falsas. Una vez que confesaban, eran ejecutadas.

Hasta aquel momento, las brujas y hechiceros eran pilares respetados de la comunidad. Eran guardianes de la sabiduría, parteras, herbolarios y curanderos, con un profundo conocimiento de la magia popular a base de hierbas, y creaban tinturas y pociones para curar a los enfermos. De repente, se encontraron acusados de brujería y adoración al diablo.

La vida para muchos –no solo las brujas practicantes– se convirtió en una paranoica lucha. La gente comenzó a culpar de todas sus desgracias a las maldiciones de las brujas, que se convirtieron en un chivo expiatorio fácil. Las acusadas eran a menudo mujeres mayores, solteras y sin hijos. Las sospechas surgían por nimiedades: a causa de una mala mirada, por un desacuerdo, por no acudir a la iglesia o por ir a la iglesia con demasiada frecuencia, por ser demasiado ruidosas o demasiado calladas, o simplemente por estar en el lugar equivocado en el momento inoportuno. La paranoia y las acusaciones no conocieron límites.

Se culpaba a las brujas de casi cualquier cosa, desde condiciones climáticas extremas hasta del hecho de que sus vecinos no concebían o se les moría el ganado. La histeria colectiva comenzó a extenderse después de la publicación del manual *El martillo de las brujas* (1446), del clérigo católico alemán Heinrich Kramer, obra en la que proporcionaba una guía para cazar y perseguir brujas, afirmando que adoraban al diablo y eran una amenaza para la sociedad. Mantenía que las mujeres eran moralmente más débiles que los hombres, lo cual las hacía presa fácil para el diablo.

El libro estaba repleto de estudios de casos llenos de sexo y fantasía. Uno de ellos relataba que se había descubierto a una bruja que cortaba y recolectaba penes que almacenaba en un nido de pájaros. Cuando los encontraron en el nido, ¡se retorcían! Resulta desgarrador y horrible pensar que este manual y el estudio de este caso se utilizaron para fundamentar condenas en los tribunales y luego ejecutar a las encausadas.

Las acusadas no tenían ninguna posibilidad: recibir una acusación era una condena de muerte. Se las rapaba, despojaba de la ropa y escudriñaba en busca lunares, marcas de nacimiento, cicatrices o cualquier otra señal para rastrear una conexión con el Diablo. Se las privaba del sueño durante días mientras las torturaban físicamente sin cesar. Luego se las arrojaba al río, atadas de pies y manos: si flotaban, eran brujas; si se ahogaban, eran inocentes... pero inocentes muertas.

Se hizo mucho dinero con apuestas, por parte de los tribunales, los verdugos y los autodenominados «cazadores de brujas».

Resulta espeluznante la cifra estimada de 40000-50000 ejecuciones por brujería en toda Europa. Cuando pienso en todas las personas inocentes que perdieron la vida de esta manera profundamente cruel e injusta, me pregunto qué pensarían los acusados de las brujas modernas. Esperemos que sus espíritus nos cuiden, celebren nuestra libertad y nos apoyen para reclamar lo que significa ser una bruja.

Gran poder de bruja

✳

El presente libro te insta a que seas una bruja
que afirme su poder y crezca. Recurre a él para
empoderarte y sacar lo mejor de ti. Acepta este
poder y usa la magia para hacer del mundo un
lugar mejor, celebrar la libertad que disfrutas,
elevar la conciencia, luchar contra la opresión
y permitirte sentir enfado hacia el patriarcado.
Estos hechizos te ayudarán a conectar con la
mejor versión de ti misma y sentir realmente
tu energía y poder.

UN HECHIZO PARA INVOCAR TU PODER

Necesitarás:

2 tazas de sales de baño (Epsom, del Himalaya o del mar Negro, o una mezcla de todas)

9 gotas de aceite esencial de incienso

tu saliva

2 cucharadas de aceite portador

1 vela roja

algo afilado: aguja grande, abrecartas, daga ritual athame o cuchillo

sal

1 hoja de laurel

1 espejo

La magia que creas es divina: conecta con ella y comprométete a ser fiel a tu energía de bruja. Para conseguir más potencia, recomiendo un tiempo de meditación sobre las dedicatorias propias que te gustaría agregar.

Este hechizo funciona mejor con luna llena.

───────────

Empieza este ritual con un baño purificador. Añade las sales al agua.

Crea una lista de reproducción, con música que te inspire, te ayude a bucear en tu interior y te empodere. ¡Te recomiendo música barroca, como alguna pieza de Bach!

Pídele al baño que te limpie de toda energía inservible. Si algo entorpece tu poder o energía, este es el momento de dejar que se vaya por el sumidero.

Cuando estés lista para salir del baño, tira del tapón mientras aún estás en la bañera, y observa cómo se vacía el agua y se lleva aquello de lo que te has desprendido.

Mezcla el incienso, un poco de saliva (una ½ cucharadita) y el aceite portador. Calienta el costado de la vela y esculpe una palabra, acrónimo o símbolo para representar tu poder personal (puedes escribir tu nombre con la palabra «poder» encima y debajo). Unge la vela con la poción mezclada y rodea su base con un círculo de sal.

Enciende la vela y quema la hoja de laurel, bendiciendo la vela con el humo de la hoja de laurel.

Mírate en el espejo a la luz de la vela y di tu nombre tres veces.

Ahora, primero, unge tu tercer ojo con la poción y di: «Siempre veré más allá de lo que está frente a mí».

Luego, úngete los labios y di: «Siempre diré mi verdad».

Ahora, unge tu corazón y di: «Siempre practicaré el amor a mí misma para poder amar a los demás». A continuación, úngete las palmas de las manos y di: «Siempre ayudaré y sanaré a otros cuando sea posible».

Mírate las líneas de las palmas y di: «Aprecio mi singularidad». Entonces, úngete el vientre o la zona del estómago para honrar y enviar amor a tus abuelas y tu linaje.

Luego frótate con la poción las plantas de los pies y di: «Prometo caminar siempre en mi propia dirección y confiar en mi singular camino de vida».

Si existe una diosa, dios o deidad que desees que camine contigo ahora mismo (véanse las pp. 143-149), aprovecha este momento para pedirle que camine a tu lado, te proteja y te aliente.

PODER DE VISIÓN

Necesitarás:
3 bolsitas de infusión de manzanilla
1 cuenco con agua caliente
1 toallita o tela de muselina grande

Usa este hechizo para refrescar tus ojos y recuperar tu poder, para ver de otra manera las cosas.

—————

Remoja las bolsitas de té en el agua caliente durante 5 minutos, luego deja el tazón en la nevera 5-10 minutos.

Cuando la infusión esté fría, moja con ella una toallita o un paño. Escúrrela y dobla la tela por la mitad. Túmbate y colócala sobre los ojos. Para acentuar la magia, abre las ventanas y escucha la naturaleza, o si eres una «bruja de la ciudad», reproduce sonidos de pájaros o de la naturaleza.

Habla con tu ser superior: recuerda que no te juzgará y solo responderá con compasión hacia ti y hacia los demás. Pídele que te guíe mediante un consejo amable, creativo y lleno de amor. Confía en que tu ser superior te mostrará un camino en el que todos ganen.

No detengas la conversación. Cuando hayas llegado a una solución, visualízala tres veces. Retira la tela y ve el mundo con ojos nuevos.

HECHIZO PARA INVOCAR TU VOZ

Necesitarás:
1 cristal de lapislázuli
1 tarro transparente
9 clavos de olor
15 gotas de aceite esencial de bergamota
50 ml (1¾ fl oz) del aceite portador que elijas

Con este hechizo, llama al poder para invocar tu voz.

————————

Pon en el frasco el cristal y los aceites. Al agregar cada clavo, bendícelo con la siguiente afirmación en voz alta:

«Mi voz importa.
Hablo con integridad, y eso es todo lo que importa.
Digo la verdad.
Soy auténtica.
Me expreso claramente.
Hablo con confianza.
Tengo el valor de expresarme.
Hablo sin miedo.
Me comunico claramente.»

Carga el frasco de energía bajo el sol o en un altar orientado al este para el amanecer.

Una vez hecho esto, frótate el aceite en el cuello y sintoniza con lo que deseas decir. No siempre tienes que complacer a los demás, y tus sentimientos son completamente válidos. Mientras te unges con esta poción que te alienta, repite el propósito.

HECHIZO PARA DESPEJAR OBSTÁCULOS PATRIARCALES

Necesitarás:
papel y bolígrafo
tijeras
1 limón, cortado por la
    mitad
9 cucharadas de vinagre
1 cuchillo afilado
sal
agujas o clavos (opcional)
1 vela azul
9 gotas de aceite esencial
    de lavanda

El patriarcado es el antiguo sistema donde los hombres dominan y ejercen poder sobre las mujeres en todos los aspectos de la sociedad. Es injusto, obstaculiza y explota a las mujeres, las personas no conformes con su género y las no binarias. Es un sistema tan arraigado que a menudo se acepta y ni se nota.

Las maneras en que el patriarcado merma nuestra autoestima son infinitas: puede que sacrifiques tu carrera para criar a tu bebé, que te encuentres con que el tamaño de un iPhone está diseñado para la mano de un hombre, que te frustre la brecha salarial de género, que te moleste el sesgo masculino de la medicina o que sientas que fracasas en la vida porque no quieres crear una familia.

Este hechizo te ayuda a reconocer y abolir las barreras patriarcales.

———————

Comienza escribiendo por qué estás enojada. Permite que la frustración y la rabia viajen a través de tus manos al papel. Luego, corta el papel en trozos pequeños.

Pon los trozos de papel en un cuenco, exprime el limón encima y agrega el vinagre. (¡No tires el limón!) Remueve en sentido contrario a las agujas del reloj con un cuchillo afilado, sintiendo alivio al visualizar cómo se empapa el papel y se desdibujan las letras.

Saca el papel y déjalo dentro de una de las mitades de limón vacías. Cubre el limón con sal y une las dos mitades de limón, sujetándolas con alfileres o clavos o simplemente presionando las dos partes. Finalmente, tíralo al contenedor (no a la basura de tu casa).

Cabe esperar que, llegado este punto del ritual, tu ira y rabia hayan sido expulsadas, pero si todavía las sientes, por supuesto, grita contra una almohada o dale unos puñetazos.

Ahora viene la segunda parte. En la vela azul, esculpe un mensaje horizontalmente para cualquier persona que sea víctima del patriarcado y a quien desees enviar amor, energía sanadora y empoderamiento, con un símbolo del infinito en cada extremo.

Mirando hacia el este, unge la vela azul con aceite esencial de lavanda. Enciéndela y ponte las manos sobre el corazón. Mira fijamente la llama y envía amor, energía y vibraciones cósmicas.

A medida que la llama parpadea y la vela arde, siente tu energía fluyendo desde el corazón hasta donde esta es necesaria.

HECHIZO PARA DEJAR DE QUERER AGRADAR A TODOS

Necesitarás:
unas pizcas de romero
unas pizcas de tomillo
1 pizca de raíz de lirio
1 disco de carbón

Este hechizo es para recordarte que está bien anteponerte a los demás.

Crear límites saludables y aprender a decir «no» es una forma poderosa de mostrarle al universo tu alto nivel de autoestima. Recuerda que, si no te gusta el cariz que toma algo, te ha molestado o te ha parecido que era una falta de respeto, ¡está bien decirlo!

De niñas, se nos enseña a «ser buenas» y a no causar problemas, lo cual, en esencia, significa estar calladitas y acatar. Pero como brujas, necesitamos ocupar el sitio que nos corresponde, defendernos y hacer oír nuestras voces.

———————

Mezcla los ingredientes y crea un altar orientado al este.

Dedica un tiempo a recordar las veces que has complacido a alguien y lo has lamentado; piensa en ocasiones en las que has respondido «Me va bien lo que decidas», pero realmente no lo decías de corazón; piensa en momentos en los que desearías haber hablado, pero temías molestar a alguien o asustarlo, o en las veces en que no te respetaste y no creaste un límite claro.

Espolvorea una pizca de la mezcla sobre un poco de carbón caliente (véase la p. 11). Cuando comience a arder, recupera uno de estos recuerdos. Escoge una imagen de tu recuerdo y visualízala en bucle, como si apareciera en una pantalla de televisión.

Respira profundamente, inhala el aroma del hechizo y pide que se te envíe un color que represente la energía del poder personal.

Observa cómo el color tiñe la pantalla del televisor y colorea el recuerdo que se está reproduciendo en ella. Luego, visualiza el color a tu alrededor, envolviéndote como una capa, y siente su energía empoderadora. A medida que el humo viaja hacia el este, la dirección del aire, repite lo siguiente al humo:

«Está bien expresar mis deseos.
Está bien expresar mis deseos.
Está bien expresar mis deseos.»

La próxima vez que te encuentres en una situación en que necesites la capa, solo has de cerrar los ojos, visualizar cómo te cubres con ella y recordar que está bien expresar tus deseos.

HECHIZO PARA DESTERRAR LA EXPLOTACIÓN

Necesitarás:

artículos de periódico
(páginas de este o
impresas de internet)
con historias de
explotación
tijeras
papel negro/sobre negro
piel de 1 cabeza de ajos
1 cucharadita de pimienta
negra
1 cucharadita de pimienta
de Cayena
cordel negro
energía de enfado
corriendo por tus venas
12 gotas de aceite
esencial de salvia
(opcional)

Para cuando te sientas especialmente enojada por la injusticia o la explotación en el mundo.

————————

Toma el artículo impreso que trata de la injusticia que deseas desterrar. Córtalo en trocitos y déjalos en el centro del papel negro (o en el sobre), luego añade la piel de ajo y la pimienta de Cayena.

Dobla el papel para cerrarlo (o sella el sobre) y luego pasa la cuerda firmemente alrededor del papel. Átalo con tres nudos, y con cada uno repite lo que deseas desterrar; a continuación, quémalo y deshazte de las cenizas donde no crezca nada.

Después de un hechizo como este, realiza una limpieza con romero o salvia o toma un baño purificador con un poco de sal y 12 gotas de aceite esencial de salvia.

HECHIZO PARA DESTERRAR A LOS TIRANOS

Necesitarás:
1 foto del tirano o
  1 pedazo de papel
1 bolígrafo rojo
1 cuenco
8 granos de pimienta
1 martillo o rodillo

¿Por qué los tiranos corruptos parecen gobernar el mundo? Aprovecha tu energía de frustración, ira e injusticia y úsala en este hechizo.

————————

Toma la foto del tirano, o escribe su nombre en el papel tres veces, y con el bolígrafo rojo tacha la imagen o el nombre.

Llena el recipiente con agua, añade los granos de pimienta y ponlo en el congelador. Cuando se haya congelado, sácalo del congelador y rompe el hielo con el martillo.

Rompe la imagen o el papel con las manos, con rabia. Sumerge los trozos con un poco del agua del hielo derretido y métela todo en el congelador. Déjalo allí durante tres ciclos lunares. Desecha el hielo restante en algún lugar donde no crezca nada.

HECHIZO PARA OCUPAR TU SITIO

Necesitarás:

9 clavos de olor

9 gotas de aceite esencial
de naranja

1 cucharadita de resina
de incienso

1 disco de carbón

Realiza este hechizo para invocar energía sin disculpas; es el antídoto contra la sensación de pequeñez. Con él, nota tu poder y abrázalo.

———————

Mezcla el clavo, el aceite y la resina en el sentido de las agujas del reloj y luego quémalos sobre carbón caliente (véase la p. 11). Frente a un espejo, adopta una postura estilo supermujer: piernas separadas y brazos en jarras. Deja que el humo rodee tu cuerpo y tu aura. Inhala el aroma, absorbiendo su poder y armándote de valor para ocupar el sitio que te corresponde.

A medida que el humo asciende, piensa en un momento de tu vida que requiriera valor. Concéntrate en este sentimiento y conecta con él, y permite que la energía del recuerdo irradie alrededor de tu cuerpo. Prométete hacer algo fuera de lo común, un desafío o cualquier cosa que te inspire.

HECHIZO PARA DESTERRAR LA NECESIDAD DE APROBACIÓN

Necesitarás:

5 gotas de aceite esencial de lavanda

10 gotas de aceite esencial de naranja

5 gotas de aceite esencial de manzanilla

100 ml (3½ fl oz) del aceite portador que elijas

1 hoja de laurel

Usa este hechizo para sintonizar con la sensación energética de que te bastas y te sobras. Eres humana, y eso es cuanto debes ser. Invoca el poder de que no te importe lo que los demás piensen o digan al respecto. Tú eres tú.

——————

Mezcla los aceites, luego enciende la hoja de laurel sobre la poción y bendícela con el humo. Di en voz alta: «Soy humana y soy suficiente», y tómate el tiempo para aceptar que no tienes que ser nada más que eso.

Masajéate el cuerpo con los aceites mientras repites el mantra: «Soy humana y soy suficiente».

HECHIZO PARA FIJAR LÍMITES

Necesitarás:
1 cristal de turmalina
 negra
tomillo (1 ramita o seco)
1 bolsita o pañuelo

Los límites nos dan seguridad y también son importantes en brujería. Las personas espirituales –incluidas las brujas, curanderos y personas empáticas– a veces experimentan dificultades para establecer límites, y otros se pueden aprovechar del buen corazón de los seres mágicos.

Recuerda que está bien decir «no» sin sentirse culpable. Tienes derecho a expresar tus necesidades y mereces respeto. Este hechizo te ayudará a establecer límites, ya sean físicos, espirituales, financieros o de protección para tu precioso tiempo.

Sostén la turmalina negra y concéntrate en el límite que deseas establecer. Recuerda que está bien fijar límites y que no tienes que dar explicaciones. Concéntrate en la idea de que, al poner este límite, harás hueco para la energía que te guiará y materializará tus propósitos.

Continúa sosteniendo la turmalina y pídele que te ayude a proteger tu valiosa energía. Introduce el tomillo en la bolsa o envuélvelo en un pañuelo o trozo de tela, y luego pídele que te dé el coraje para hablar por ti misma.

Coloca el cristal en la bolsa con el tomillo y lleva la bolsa contigo cuando precises su ayuda.

HECHIZO CONTRA LA INJUSTICIA DE LA OPRESIÓN

Necesitarás:

9 granos de pimienta
  negra chafados
10 gotas de aceite
  esencial de romero
3 pizcas de salvia seca
30 ml (1 fl oz) del aceite
  portador que elijas
1 vela negra
papel y bolígrafo

Mezcla los ingredientes y unge la vela con la mezcla: para hacerlo, vierte la mezcla en un plato y haz rodar la vela en la mezcla en dirección opuesta a ti.

Escribe en un papel qué deseas desterrar, luego quema el papel sobre la llama de la vela. Desecha la ceniza y los restos de cera en algún lugar donde no crezca nada, o tíralos a la basura.

MI CUERPO,
MI DECISIÓN

Una parte importante del ejercicio de tu poder
como bruja es política: una lucha por la igualdad, por
tus derechos. Todas las mujeres afrontan presiones
políticas y sociales, como las leyes sobre el aborto
(y los derechos reproductivos) o la obligación de
vestirse o comportarse de cierta manera, y muchas
otras situaciones que no les permiten hacer lo que
quieran con su cuerpo. Nosotras parimos, nosotras
decidimos.

Este hechizo es para quien se haya sentido
impotente o traicionada por el sistema: utilízalo
para recuperar tu poder o enviárselo a quien lo
necesite.

Necesitarás:
1 vela azul
papel y bolígrafo
1 carta de la Justicia del tarot para el altar

————————

Enciende la vela y mira la llama un rato, pensando en aquello que es injusto y requiere tu poder mágico. Escribe cuál sería la solución en un pedazo de papel y luego quémalo con la llama de la vela. Recoge las cenizas y espárcelas sobre la carta de la Justicia.

Apaga la vela y repite los pasos anteriores durante las próximas tres noches. La tercera noche, recoge la ceniza y espárcela encarada hacia el este, pidiéndole al elemento aire que traiga el cambio.

DESCANSO RÁPIDO Y REINICIO

Necesitarás:

1 antifaz o una habitación
a oscuras

1 espacio tranquilo y sin
aparatos electrónicos

1 cristal de cuarzo
transparente

A veces, el descanso es la magia más poderosa: tener tiempo para pensar, para simplemente ser. Sin hacer nada, solo relájate, recupérate y libérate de la rutina. Aunque solo sean 10 minutos al día, el impacto puede ser positivo, y esto te ayudará a maximizar tu precioso tiempo.

———————

Ponte una alarma para que suene en 10 minutos. Siéntate con la espalda recta y apoyada, en una habitación oscura o con un antifaz, un sitio tranquilo sin las distracciones de la tecnología. Coloca una palma de la mano sobre la otra y esta sosteniendo el cristal.

Cierra los ojos y quédate quieta un momento; si tu mente está ocupada, simplemente deja que lo esté. Permite que cualquier pensamiento venga y se quede y sigue la dirección que tome.

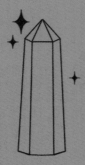

LA PROTESTA
ES PODER

Necesitarás:

9 gotas de aceite esencial
de romero

9 gotas de aceite esencial
de lavanda

4 gotas de aceite esencial
de menta

80 ml (3 fl oz) del aceite
portador que elijas

1 botella o tarro de cristal

Participar en una marcha o una manifestación es importante. Conectar con personas que comparten tus reivindicaciones y creencias crea una energía conectiva empoderadora. Protestar puede inspirar un debate; puede provocar cambios y ejercer un impacto poderoso. Siempre me emocionan las protestas, porque me recuerdan aquello que le importa a la gente.

Usa esta poción para ungirte con poder y protección en protestas, marchas y mítines.

—————

Mezcla los aceites en el sentido de las agujas del reloj. Mientras, permite que la energía de la pasión y la fe en lo que estás reivindicando cargue la poción.

Úngete con este aceite empoderador mientras protestas, y sé consciente de que tu voz se elevará entre la multitud.

HECHIZO PARA CUANDO TE IGNORAN

Necesitarás:
aceite esencial
  de jazmín

En el mundo de las citas, que te ignoren puede resultar increíblemente desempoderador. Esta situación confusa y la necesidad de pasar página o respuestas pueden drenarte y robarte energía. Recupera tu poder y pasa página con este hechizo, que te ayudará a seguir adelante con una nueva perspectiva de tu situación.

————————

Piensa en tu preciosa energía y en cuánto tiempo estás dispuesta a concederle a alguien que no te ha respetado. Entiende que, cuando sucede algo así, por lo general significa que el universo te está protegiendo.

Frótate el tercer ojo con un poco de aceite esencial de jazmín para conseguir claridad. Medita sobre lo que vales y el hecho de que no mereces este trato.

Visualiza a la persona que te hace *ghosting* –que te ningunea– como si la tuvieras frente a ti y despídete de ella. Si hay algo que quieras decirle, hazlo ahora. Si tuviste una conexión energética con ella, probablemente sentirás una fuerte resistencia en la boca del estómago, pero recuerda que tú vales más. Observa cómo se empieza a desvanecer, visualiza cómo su cuerpo desaparece lentamente.

Di en voz alta:
«Soy digna de algo mejor.
Soy digna de algo mejor.
Soy digna de algo mejor.»

Confía en que el universo te cuida; confía en que esto es una señal de que tus guías espirituales te protegen. Repite este hechizo durante tres días.

Amor propio radical

Practicar el amor propio es la táctica definitiva
para invocar tu poder de bruja.

Para aprovechar este superpoder, debes entrar
en una frecuencia de compasión y conexión
contigo misma. Se trata de un lugar dentro de ti
donde no es necesario hacer mejoras ni ajustes,
puesto que allí experimentas una satisfacción
completa por todo lo que eres en este momento.

Digo «practicar» porque, para muchas de
nosotras, vivir en esta energía no nos sale
de forma natural; a menudo necesitamos
celebrarnos a nosotras mismas con todas las
fuerzas en lugar de boicotearnos. El poder
de bruja hace que te preguntes por qué no
te han enseñado a vivir en esta energía.

Nuestros anhelos se presentan en diversas formas: negatividad, vergüenza, incomodidad o extrañamiento frente a lo que la sociedad espera de nosotras.

Así como las brujas fueron víctimas de persecución en la Edad Media, vistas como parias, independientes y ajenas a las normas sociales, también nosotras somos víctimas de persecución cuando no nos adaptamos al molde patriarcal.

Recurrir a nuestro poder de brujas y vivir con esa energía es un tributo a quienes perdieron la vida en la caza de brujas. Lo menos que podemos hacer para honrarlas es aceptarnos a nosotras mismas y reconocer nuestra libertad, vivir de la manera más sincera y auténtica que podamos, cultivar el amor propio radical por dentro y por fuera.

AMOR RADICAL POR NUESTROS CUERPOS

Conjurar la positividad corporal requiere no solo celebrar tu cuerpo, sino profundizar un poco más y cuestionar cualquier resistencia que puedas poner para sentirte cómoda en tu piel y aceptarte completamente.

Explorar esta resistencia y tomar conciencia a través de los siguientes rituales, con suerte, te aportará claridad y empoderamiento y te ayudará a aceptar que tu cuerpo es perfecto tal como es.

¿Quién establece los estándares de belleza?
¿Quién decidió que la mayoría de las personas que vemos en la televisión, el cine y las redes sociales deben ser delgadas, con la piel perfecta y multioperadas o con retoques estéticos?

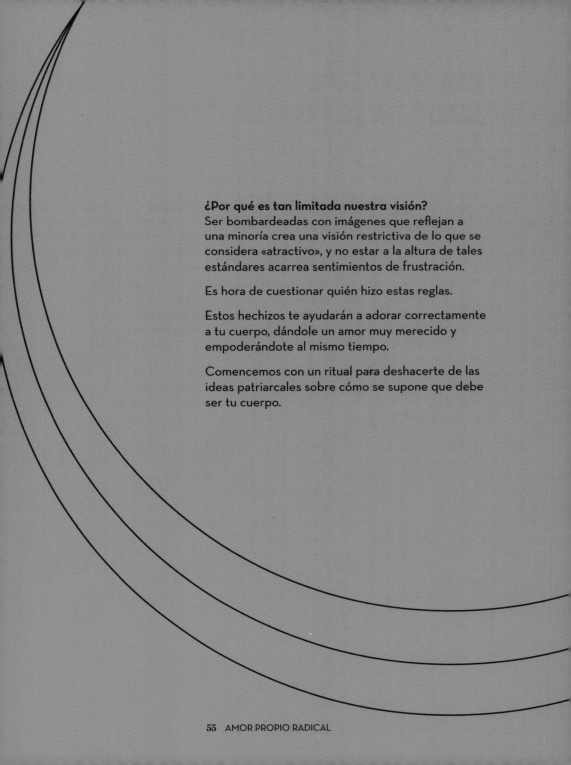

¿Por qué es tan limitada nuestra visión?

Ser bombardeadas con imágenes que reflejan a una minoría crea una visión restrictiva de lo que se considera «atractivo», y no estar a la altura de tales estándares acarrea sentimientos de frustración.

Es hora de cuestionar quién hizo estas reglas.

Estos hechizos te ayudarán a adorar correctamente a tu cuerpo, dándole un amor muy merecido y empoderándote al mismo tiempo.

Comencemos con un ritual para deshacerte de las ideas patriarcales sobre cómo se supone que debe ser tu cuerpo.

EXFOLIANTE METAMÓRFICO

Usa este exfoliante para eliminar los viejos sistemas de creencias que pesan sobre tu cuerpo. Esta energía no deseada se ha colado en tu campo energético. Despójate de ella, crea espacio e invita a la autoaceptación.

Antes de empezar, observa tu cuerpo. ¿Tus puntos de vista provienen de fuentes externas, como comentarios de amigos y amantes recibidos a lo largo de los años? ¿Se basan en la comparación con otros? ¿O son pensamientos originales tuyos?

De dondequiera que vengan estos puntos de vista, hay que desafiar la negatividad o el juicio que conllevan.

Necesitarás:

- 1 taza de sal (marina, Epsom, de mesa, del Himalaya o una mezcla de las cuatro, pero evita los gránulos grandes)
- 1 taza de aceite (vale cualquiera, pero el de coco, karité o almendra son los mejores)
- 5 gotas de aceite esencial de lavanda
- 5 gotas de aceite esencial de romero
- 5 gotas de aceite esencial de limón

Mezcla los ingredientes y úsalos para exfoliar tu piel en el baño o la ducha. Elimina suavemente el condicionamiento patriarcal que te ha programado para que pienses que cualquier parte de tu cuerpo no es lo suficientemente buena, enfréntate a las opiniones negativas sobre ti misma y destierra recuerdos de comentarios hirientes que alguien dijera sobre este hermoso cuerpo tuyo.

A medida que lavas estos sentimientos, observa lo hermosa y limpia que luce tu piel al absorber los ricos aceites.

Disfruta de todo tu amor por el envoltorio mágico que es tu piel.

ACEITE FACIAL EMPODERADOR

Necesitarás:

30 ml (1 fl oz) de aceite de argán (también funcionan el de jojoba o de semilla de albaricoque)

8 gotas de aceite esencial de rosa

3 gotas de aceite esencial de manzanilla

3 gotas de aceite esencial de lavanda

Este hechizo es para honrar todos los aspectos de tu rostro perfectamente imperfecto.

———————

Mezcla todos los aceites en un frasco o botella de vidrio, luego remueve en el sentido de las agujas del reloj. Dedica un rato a mirarte en el espejo y estudiar las arrugas, cicatrices, pecas, protuberancias y las (im)perfecciones de tu cara. Mientras te examinas, conecta cualquier cicatriz, arruga o marca con tus recuerdos. Tal vez algunas arrugas o líneas de expresión son de tiempos felices, cuando te reías tanto que te dolía la mandíbula, o tal vez de un momento difícil que te enseñó grandes lecciones y profunda sabiduría. Trata de ver la historia y la positividad detrás de cada rasgo de tu cara.

Masajéate la cara con la poción y, mientras lo haces, pronuncia tres veces este canto:

«Bendigo la maravilla de mi rostro,
un original verdadero.
Cada característica es completamente única.
Bendigo la maravilla de esta piel
y la maravilla que yace dentro.»

ESCUDO PROTECTOR HIDRATANTE

Necesitarás:
400 g (14 oz) de mantequilla de mango, coco o almendra
450 ml (16 fl oz) de aceite de albaricoque
1 cucharadita de aceite de vitamina E
10 gotas de aceite esencial de jengibre
10 gotas de aceite esencial de pimienta negra
10 gotas de aceite esencial de clavo

Usa esta mantequilla corporal para activar un escudo protector y nutrir la piel, mantenerla protegida y repeler la energía negativa. Se tarda un poco en prepararla, pero es una receta probada y te garantizo que la piel quedará increíble.

———————

Derrite la mantequilla de mango y el aceite de albaricoque al baño maría. Cuando se hayan derretido, remueve y guárdalos en la nevera 2 horas.

Luego, sácalos y bate con un procesador de alimentos durante 20 minutos. Agrega el aceite de vitamina E y los aceites esenciales y mezcla durante otros 20 minutos. Observa el proceso y visualiza una luz protectora blanca inundando la mezcla.

Cuando la apliques a tu cuerpo, siente esta luz empapándote y confiriéndote energía protectora.

Consejo: Si no deseas preparar la mantequilla corporal, puedes agregar los aceites esenciales a una crema hidratante sin perfume. Usa la mitad de la cantidad de aceites esenciales y añádelos a 1 taza de crema hidratante.

POCIÓN «YO SOY YO»

El aspecto más radical del amor propio es la completa autoaceptación. No hay mejoras que hacer, ninguna meta, cada pedacito de ti es bienvenido tal como es y existe sin importar lo demás. No tienes que ser mejor ni alcanzar una meta específica. Solo debes reafirmarte en tu energía y ser.

Así, puedes aceptar que la perfección no existe, que está bien cometer errores. Puedes ser encantadora y también un desastre. Puedes estar en la cima del mundo y puedes estar triste. Puedes sentirte motivada y puedes ser perezosa. ¡Puedes ser desordenada, aburrida, estar inspirada o cualquier otra cosa!

Cuando reafirmas tu energía y sientes que eres quien debes ser, detentas tu propio poder. Cuando entras en esta frecuencia energética y empoderadora, nada más que tu existencia importa.

Para alcanzar este estado, usa esta poción.

Necesitarás:

100 ml (3½ fl oz) del aceite portador que elijas

15 gotas de aceite esencial de rosa

10 gotas de aceite esencial de pachulí

1 espejo

Mezcla los ingredientes. Sujeta el recipiente con ambas manos, mírate en el espejo y di la siguiente frase en voz alta a la poción:

«Eres amada solo por ser quien eres, no es algo que deba ganarse. Tus imperfecciones, errores o deficiencias no importan. Ese amor no te lo pueden quitar. Existirá para siempre.»

Luego úngete con la poción, repitiendo las palabras: «Yo soy yo. Yo soy yo. Yo soy yo». Usa la poción siempre que la necesites (o realiza este ritual cuando haya luna llena).

ACEITE PARA DESTERRAR EL SÍNDROME DE LA IMPOSTORA

El síndrome de la impostora no es amigo de tu energía de bruja. Puede acarrear sentimientos de frustración, de que no encajas, o incluso hacerte sentir como si fueras un fraude y hubieras engañado a todos para que piensen que eres digna de estar donde estás.

Desterremos ese sentimiento y recordemos que tú lo vales y que estás exactamente en el lugar que te corresponde.

Necesitarás:
papel y bolígrafo
1 tarro o frasco
   de cristal
9 gotas de aceite
   esencial de ciprés
1 ramita de tomillo
   fresco (o una pizca
   de seco)
9 gotas de aceite
   esencial de
   bergamota
50 ml (1¾ fl oz) de
   aceite portador

Dedica un poco de tiempo a escribir algunos de tus logros o momentos en que te has sentido orgullosa de ti misma; apunta al menos cinco. También podrían ser ocasiones en que hayas superado el síndrome de la impostora.

Cuando tu lista esté completa, mezcla los aceites en el sentido de las agujas del reloj. Sostén el recipiente que contiene la poción y di tu nombre en voz alta tres veces, luego lee en voz alta todo lo que has escrito.

Notarás que cambias a la frecuencia vibratoria de sentirte digna. Continúa sintiendo esta energía y permite que pase a través de tus manos, entre en el frasco y hechice tu poción. Puedes repetir tu nombre varias veces para que realmente te conectes con esta energía.

Úngete la parte superior de la cabeza, garganta, corazón, muñecas y plantas de los pies con la poción. Mientras lo haces, di las palabras: «Yo puedo. Yo puedo. Yo puedo».

Siente tu poder, reconociendo que eres más que capaz y merecedora de cualquier oportunidad que se te presente. Esta poción se puede cargar bajo la luna llena para potenciarla más.

ACEITE PARA SANAR CORAZONES

En honor a la verdad, tu corazón es increíble. No solo te mantiene viva, sino que genera energía poderosa y amorosa. Por muchas veces que se rompa, siempre sana, y un corazón curado a menudo trae una profunda sabiduría.

Usa este hechizo para enviar energía curativa a un corazón roto o para honrar tu corazón por cómo ha sanado. Esta poción también sirve para bendecir los latidos de tu corazón y enviar energía curativa mágica y sincera a tus seres queridos, al universo y más allá.

Si estás leyendo esto y tu corazón está roto actualmente, te prometo que pronto te sentirás mejor. Puede que te parezca imposible ahora, pero prometo que así será.

Necesitarás:

60 ml (2 fl oz) del aceite portador que elijas

15 gotas de aceite esencial de rosa

10 gotas de aceite esencial de cardamomo

1 tarro de cristal o frasco para poción

Mezcla los aceites en el sentido de las agujas del reloj. Mientras lo haces, piensa en alguien que amas y que te corresponda. Siente la energía de este amor atravesando tu cuerpo y saliendo de tus manos hacia la poción.

Toma unas gotas de la poción, frótala entre las manos y ponte las manos sobre el corazón. Conecta con el latido de tu corazón y comienza a masajear suavemente, sintiendo la conexión con la energía de tu corazón. Cierra los ojos y visualiza una carita en tu corazón latiendo; mira la carita que te sonríe y devuélvele una sonrisa. Siente el calor y la energía amorosa de la poción viajando a través de tu cuerpo. Al hacerlo, sabrás que se está produciendo una sanación profunda y que te aportará gran sabiduría.

ELIXIR DIOSA VERDE PARA EL ORGANISMO

Necesitarás:
1 manojo extragrande de espinacas
1 trozo de jengibre fresco del tamaño del pulgar
1 puñado de cilantro fresco
1 puñado de perejil fresco
zumo de 1 limón
1 vaso grande de agua de coco

¡Un gran saludo a nuestros órganos! Trabajan día y noche en la sombra. Vamos a enviarles un poco de amor extra con este jugo verde que estimula el metabolismo.

————————

Mezcla todos los ingredientes en una licuadora hasta que queden integrados. Bebe y visualiza la bondad verde enviando vitalidad a tus órganos. Diles cuánto los amas y agradéceles todo lo que hacen.

PASOS MÁGICOS

Necesitarás:
1 taza de sal marina, del Himalaya o Epsom (o una mezcla de todas)
1 taza de aceite de coco
10 gotas de aceite de menta piperita
5 gotas de aceite esencial de tomillo

Usa este hechizo para animarte a andar tu propio camino y no seguir los pasos de nadie.

———————

Mezcla los ingredientes y usa el exfoliante para tus pies. Mientras lo haces, visualiza todos los lugares a los que te gustaría llegar caminando: territorios nuevos e inexplorados, y bendice tus pies infundiéndoles valor por todos los lugares a los que te llevarán.

ACEITE «BASTA YA» PARA EL PODER CORPORAL

¡Esta es una poción para reconocer que ya has tenido «suficiente» de darle a tu cuerpo un mal rato! Basta de escuchar a tu crítica interna hablar mal de tu cuerpo. Basta de la «vergüenza» por las estrías, cicatrices, michelines o cualquier otra cosa por la que te hayas estado castigando.

En internet encontrarás cientos de resultados de búsqueda para «deshacerse de las alas de murciélago» o «rebajar michelines», sin embargo, las búsquedas sobre cómo aceptarse y amar estas partes de tu cuerpo parecen ser pocas.

Cambiemos ese relato. Usa esta poción para honrar las partes de tu cuerpo que te han condicionado para que creas que las debes esconder. Prepara este aceite con compasión y amor incondicional por tu cuerpo único y singular. Úsalo para tomar conciencia de las limitadas expectativas culturales de lo que se considera «atractivo».

Necesitarás:

- 100 ml (3¾ fl oz) de aceite portador (almendra, hueso de albaricoque, jojoba o coco son los mejores)
- 15 gotas de aceite esencial de romero
- 10 gotas de aceite esencial de bergamota
- 5 gotas de aceite esencial de canela
- 1 tarro o botella de cristal

Licúa los ingredientes en el sentido de las agujas del reloj. A medida que los mezclas, siente una luz brillante y dorada que entra por la parte superior de tu cabeza y sale por tus manos. Masajea tu cuerpo con este aceite y repite estas afirmaciones:

«Mi cuerpo es perfecto para mí.
Mi cuerpo es único para mí.
Me siento cómoda en mi piel.
Estoy feliz y sana.
Soy hermosa.
Soy inteligente.
Soy amor.
Soy libre.
Todo lo que necesito está dentro de mí ahora mismo.»

Continúa masajeando las partes de tu cuerpo que has aprendido a aceptar, diciéndoles que las amas. Bésate las yemas de los dedos y lleva esos besos donde sean necesarios.

RENACIMIENTO PARA REDEFINIR TU CONCEPTO DE BELLEZA

Necesitarás:

- 1 nuez
- 1 martillo (o algo con que abrir la nuez)
- 1 cristal de cuarzo transparente
- 1 bolsa o cuadrado de tela y cordel amarillos

Usa este hechizo para desterrar las limitaciones con que otras personas han definido la belleza. Rompe con los estereotipos condicionados de lo que se supone que es bello y busca tu propio significado.

———

Sostén la nuez entre las manos y piensa en cómo tu definición de belleza ha sido dictada por otras personas. Piensa en cuántas conversaciones has mantenido con tus amigos o contigo misma sobre tu cuerpo y las cosas que te gustaría cambiar de él. Piensa de dónde proceden esas ideas y en lo injustas que son. Piensa en todas tus amigas y en las mujeres del mundo que deben cumplir con los estándares de belleza patriarcales.

Permítete estar enojada por eso y nota esa furia. Deja que esta rabia transite por tus manos hasta la nuez. Cuando quieras, aplasta la nuez con el martillo.

Disfruta de la sensación de alivio de gozar de una nueva conciencia y una nueva forma de definir tu versión de la belleza.

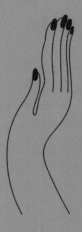

Cuando te sientas lista, añade la nuez triturada y el cristal de cuarzo transparente a tu bolsa amarilla, o envuélvelo en un cuadrado de tela, juntando todas las esquinas y atándolas con un poco de cuerda.

Lleva la bolsa contigo durante un ciclo lunar, y cada vez que la mires, reflexiona acerca de lo que representa. Cuando se complete el ciclo lunar, colócala en una maceta con una planta de flor (de interior o exterior).

Dato curioso: en la magia, las nueces representan el discernimiento como el medio para desarrollar la conciencia y la comprensión antes de actuar.

HECHIZO RADICAL PARA AMARTE DESDE DENTRO

Oramos a los gurús y ponemos imágenes de dioses y diosas en nuestros altares, pero ¿y si nos tomamos un momento para adorarnos a nosotras mismas? He aquí un ritual para honrarte a ti y a todo lo que has pasado, con todos sus altibajos.

Usa este hechizo para despertar y activar el amor incondicional por ti misma.

Necesitarás:
1 foto tuya
2 velas amarillas
resina de incienso
  (opcional)
flores frescas y hierbas
  de tu elección
dinero (monedas
  o billetes)
tus cristales preferidos
1 bolsita rosa

Crea un altar alrededor de tu foto. Mira profundamente a tus propios ojos en la imagen y dite a ti misma que te amas. Concéntrate en algo que hayas hecho para ti misma recientemente, y reconoce aspectos en que hayas sido dura contigo.

Reconoce amorosamente todo lo que has vivido y todo lo que has logrado.

Si deseas profundizar, quema un poco de incienso y llama a una voz cariñosa. Permite que esta voz te hable con palabras de amor incondicional. Si quieres, dale un nombre a esta voz y visualiza qué aspecto tendría (¡da rienda suelta a tu imaginación!). Escucha esta voz amable que te ofrece todos los cumplidos que necesitas escuchar. Escríbelos o díselos en voz alta a tu foto.

Cuando se complete este hechizo, si quieres, coloca las monedas y las flores o hierbas en una bolsa rosa y llévalas en el bolso, o cuelga la bolsa en una puerta, ventana o algún lugar donde la veas todos los días para que te recuerde los mensajes que recibiste al hacer este ritual.

HECHIZO PARA HONRAR TU CAMINO Y VIVIR A TU MANERA

Necesitarás:
hojas de laurel
bolígrafo
1 manojo de albahaca
1 puñado de pétalos
 de rosa
1 puñado de romero
1 bol
1 cristal de esmeralda
1 tarro de cristal

Usa este hechizo para bendecir tu propio camino personal. ¿Qué sueños de futuro tienes solo para ti?

———————

En las hojas de laurel, escribe los sueños y deseos con los que esperas bendecir tu camino. Mezcla el resto de los ingredientes y añádelos a un bol con el cristal de esmeralda en el centro. Quema las hojas de laurel sobre el bol, y a medida que se consuman, deja que la ceniza caiga sobre las hierbas. Mientras, expresa tus deseos en voz alta, visualízalos, siéntelos y créetelos.

Recuerda que este hechizo trata de deseos solo para tu camino y el de nadie más. Se trata de deseos solo para ti.

Esparce parte de la mezcla por el camino a tu casa, deja una tacita con un poco junto a la puerta de casa y lleva un poco en el bolsillo para echarla por el camino cuando salgas a pasear. Guarda el resto en un tarro y déjalo en tu altar, junto a una planta hermosa.

Continúa esparciendo la mezcla por tu camino durante el próximo ciclo lunar, para recordarte tus deseos.

DESTERRAR
EXPECTATIVAS

Necesitarás:
21 gotas de aceite
  esencial de bergamota
unas pizcas de lavanda
1 vela amarilla
infusión de hinojo
  o de anís estrellado

Existe una tremenda presión para cumplir con ciertos «hitos vitales», como encontrar pareja, comprar una casa o tener hijos. Todos somos muy diferentes, pero las expectativas sociales pueden hacerte sentir presión para marcar estas casillas en ciertos momentos de tu vida y, si no lo haces, considerarlo como un fracaso.

Recuerda que no pasa nada por ir a tu propio ritmo, tomar tus propias decisiones y hacer las cosas cuando lo creas oportuno; lo que es correcto para otras personas puede no hacerte feliz a ti. Usa este hechizo para ignorar estas presiones y convocar la energía para confiar en el proceso, a sabiendas de que la siguiente etapa se revelará a su tiempo.

———————

Mezcla el aceite esencial de lavanda y bergamota y unge la vela (puedes hacerlo volcando la poción en un plato y pasando la vela por él). Enciende la vela y di las palabras:

«Las presiones sociales no son para mí.
Soy libre y veo
abundancia de oportunidades.
Confío en que el universo me guiará.»

Prepara una taza de té de hierbas (hinojo o anís estrellado, o combina los dos), y mientras lo tomas, contempla la llama de la vela y apela a tu energía pionera para labrar un nuevo camino y una nueva forma de vida para aquellos que vienen detrás.

HECHIZO PARA DESTERRAR LA COMPARACIÓN

Necesitarás:

12 gotas de aceite
  esencial de lavanda
1 cucharadita de tomillo
sal
1 vela azul
papel y bolígrafo
1 hoja de laurel

Compararte con las personas que te rodean, o con gente de las redes sociales que no conoces, es un bloqueador de energía de baja vibración. Se trate de cuerpos, vidas amorosas, vidas sociales, vacaciones, familias o finanzas, cuando nos comparamos con los demás desperdiciamos nuestro poder personal. Esto puede aislarte y desencadenar ansiedad y miedo paralizante.

Usa este hechizo para invocar tu poder personal y desterrar el ciclo de comparación.

Mezcla el aceite de lavanda y el tomillo y unge la vela con esta mezcla. Crea un anillo de sal alrededor de la base de la vela, y luego enciéndela.

Mientras miras la vela, escucha la voz de la comparación. ¡Deja que te hable y te diga lo peor, sabiendo que esta es la última vez que la oirás! A medida que hable, conecta con la conciencia de que esta voz no eres tú y convéncete de que tu alma nunca te hablaría de esta manera.

En un pedazo de papel, escribe una de las cosas que esta voz te dice. Ahora sintoniza con una voz amable y escúchala diciéndote: «Eres suficiente».

Toma el mensaje de la voz negativa y quémalo en la llama de la vela.

Escribe en mayúsculas, en la hoja de laurel, SOY SUFICIENTE. Enciéndela con la llama de la vela y repite el mantra «Soy suficiente» nueve veces. Cada vez que lo digas, permite que estas poderosas palabras sean absorbidas por todas las células de tu cuerpo.

A medida que la vela arde, promete que las comparaciones futuras se harán solo para comparar tu yo actual con tu yo pasado. Elabora una lista mental con las fases de tu crecimiento personal y los logros que has alcanzado en tu vida.

HECHIZO PARA HONRAR TU SOLTERÍA

Esto no es tanto un hechizo como una búsqueda mágica: mímate, quiérete e invítate a una cita.

Este ritual personal me ha guiado en momentos de soltería, y realmente es una experiencia liberadora. ¿Por qué esperar a que alguien te corteje cuando puedes cortejarte tú misma?

Cambia el relato y sintoniza con la energía empoderadora de ser del todo independiente.

Todo ritual puede ser una práctica mágica, y una cita contigo misma realmente lo es. Así que, busca una fecha, planifica la ropa que te pondrás y lo que harás. Cómprate flores, permítete tu comida favorita, disfruta de todas las formas posibles, mímate, cortéjate, disfruta de tu propia compañía. Encuentra algo que disfrutes haciendo sola.

BENDICIÓN DE FORTUNA PARA LOS AUDACES

Necesitarás:
1 pizca de mejorana
1 pizca de tomillo
1 pizca de lavanda
1 disco de carbón

Usa este incienso para despertar a tu pionera interior. Ábrete para que te traiga el valor de hacer las cosas a tu manera, para desterrar el «guion de vida» que se te impuso.

─────────

Mezcla estas hierbas en el sentido de las agujas del reloj en un mortero. Disponlas sobre un poco de carbón caliente (consulta las instrucciones en la p. 11) y baña tu cuerpo en el humo.

Bendice tu cuerpo con el humo. Úsalo para cargar tu energía y atraer coraje y vitalidad a tu campo áurico.

RITUAL PARA CASARTE CONTIGO

Eres la persona con la que pasarás el resto de tu vida, en la salud y en la enfermedad, en la riqueza y la pobreza, hasta que tu alma abandone tu cuerpo. Necesitas aprender a confiar en ti y contar contigo. Amigos, familiares y amantes pueden ir y venir, pero tú estás contigo siempre, evolucionando, creciendo y aprendiendo. Este es un hechizo para comprometerte contigo misma, una declaración de verdadera autocompasión, una promesa de que siempre te honrarás y te brindarás el respeto que mereces.

Puedes llevar a cabo este ritual sola, con amigos o como ceremonia grupal.

Necesitarás:

1 puñado generoso
de pétalos de rosa

1 joya (puede ser
una que te hayas
comprado o una que
ya tengas: si ya la
tienes, límpiala con
agua salada o con
humo limpiador; véase
la p. 108).

2 ramitas de canela

hilo rosa

Organiza un altar y dispón un círculo de pétalos de rosa; coloca la joya en el centro.

Comienza por definir unos votos, promesas que deseas cumplir. Ata las ramas de canela con el hilo rosa, y con cada nudo pronuncia uno de tus votos en voz alta.

Enciende un extremo del hatillo de canela y bendice las joyas con el humo. Mientras lo haces, piensa en todas las promesas que deseas hacerte a ti misma.

Cuando quieras, ponte la joya y continúa quemando la canela para bendecir la joya.

Usa la joya todos los días durante un ciclo lunar, y cada vez que la mires, recuerda tu compromiso contigo misma. Sigue quemando las ramitas de canela y bendice la joya tantas veces como desees.

HECHIZO PARA HONRAR TU SOMBRA Y SANAR TU CULPA

Necesitarás:
romero (seco o fresco, ambos sirven)
aceite esencial de salvia
1 vela morada
la promesa de autocompasión total
100 % de sinceridad
1 diálogo interior amable
papel y bolígrafo

El trabajo con la sombra es alquimia interior; no es fácil, pero es donde ocurren los cambios de energía más transformadores y poderosos. Se trata de conectar con las partes invisibles de nosotras mismas, los rincones donde sentimos vergüenza, ira, celos o culpa. Se trata de sintonizar con nuestras profundidades oscuras y luego convertirlas en luz.

Este tipo de autoexploración es una práctica continua y resulta un desafío, pero prometo que vale la pena, ya que los cambios profundos de energía que se producen cuando conectas con tu sombra pueden ser espectaculares. Para ello, debes ser completamente honesta, y eso puede que sea difícil.

———————

Mezcla el aceite esencial de romero y salvia y unge la vela (la forma más fácil de conseguirlo es hacerla rodar con la mezcla en un plato).

Crea un círculo protector y/o llama a tus guías espirituales para que te protejan (véase la p. 13). Comienza por examinar los pensamientos de tu mente. Puedes trabajar a través de cosas que te han provocado, molestado, creado una reacción exagerada, irritado o a través de cualquier área donde hayas detectado resistencia o con la que no te sientas lo bastante cómoda.

Escribe tus pensamientos, observa adónde te lleva tu mente y, mientras, elabora una lista de pros y contras sobre ti misma.

Permítete de verdad sentir cualquier emoción que surja y explora de dónde provienen las creencias e ideas.

Conecta con cualquier trauma que pueda aflorar, y acuérdate de mostrarte compasiva mientras lo haces.

Recuerda que no todo va a estar claro ni surgirá en una sola sesión de exploración de tu sombra: se trata de una práctica continua, y la puedes llevar a cabo con luna negra o, si te sientes con fuerzas, con luna llena. Cualquier cosa que esté al acecho en las sombras, a menudo se dejará ver en luna llena, especialmente si la buscas.

Cuando sientas que has trabajado una sombra, escríbela y quémala. Mientras se quema, repite tres veces:

«Sombra dentro de mí,
te reconozco a ti.
Ahora es el momento de liberarte.
Gracias por aleccionarme,
pero ahora nueva energía ha de venir.»

Nota: a veces, resulta intenso lidiar por cuenta propia con este proceso. No pasa nada si hay que contactar con un terapeuta que nos ayude.

HECHIZO PARA HONRAR UN ERROR COMETIDO

Nuestros fracasos y errores a menudo pueden avergonzarnos, cuando en realidad estos son los momentos de la vida que nos enseñan las mayores lecciones. Estas experiencias actúan como poderosas guías y maestros que abren nuevos caminos y nuevas experiencias de vida. Al reconocer estos momentos, abordarlos y honrarlos con un ritual, se crea un poderoso reconocimiento energético que te traslada a una frecuencia de sabiduría y curación.

Necesitarás:
papel y bolígrafo
1 puñado de romero
   fresco
1 sobre
1 cristal transparente
   (selenita o cuarzo)

Dibuja una línea en el centro del papel y en un lado de la línea escribe tu error. En el otro lado, anota una lección que hayas aprendido de este error.

Después de reflexionar sobre lo que has escrito, esparce el romero sobre el papel y métela todo en un sobre.

Quema el sobre y baña el cristal en el humo. Coloca el cristal en algún lugar orientado hacia el oeste, la dirección del agua, para representar la limpieza que ha tenido lugar. Con luna negra, también podrías enterrar este cristal o tirarlo a un río.

Las brujas necesitan hechizos

Las brujas necesitan dinero

La independencia financiera es importante para una bruja. No depender de nadie, no sentirse culpable ni avergonzarse por la falta de dinero son posiciones empoderadoras. Estos hechizos te ayudarán a convertirte en dueña de tu dinero.

POLVOS
DEL DINERO

Necesitarás:

3 pizcas de albahaca

3 pizcas de menta

1 ramita de canela

3 pizcas de nuez moscada

3 pizcas de azúcar

7 monedas (plateadas o doradas, no de cobre)

1 tarro de cristal transparente

Usa este hechizo para gozar de seguridad financiera en tu vida.

_____

Añade las hierbas, las especias y el azúcar a un mortero. Al hacerlo, agradece a cada ingrediente el dinero que te traerá.

Mezcla en el sentido de las agujas del reloj. Mientras, repite el encantamiento:

«Hierbas mágicas, os mezclo.
Hechizo mágico, tráeme dinero
para gozar de sosiego financiero.
Ningún límite me afecta.
Que llegue esto o algo mejor; así sea.»

Transfiere la mezcla y las monedas al frasco de vidrio. Es importante que lo hayas limpiado primero; para ello, lávalo en agua salada o límpialo quemando un poco de salvia o romero y llenándolo con el humo.

Pasa un rato mirando el frasco y visualiza tu libertad financiera, y siente esta energía bendiciendo el hechizo.

Espolvorea el polvo de dinero en tu bolso, tus bolsillos y la entrada de tu casa.

MAGNETISMO DINERARIO

Necesitarás:
flores amarillas (de
  manzanilla, caléndula o
  una mezcla de ambas)
dinero y/o cheques
1 cristal de calamita
  (o imán)
virutas de hierro
1 bolsita verde (opcional)

Las calamitas son mis cristales favoritos para manifestarme, especialmente con hechizos de dinero. Son como pequeñas mascotas: dales un nombre, diles lo que quieres y «aliméntalas» con virutas de hierro de forma regular para conseguir que trabajen para ti.

———————

Crea un círculo con las flores y coloca algo de dinero en el centro. Dispón el cristal de calamita en el centro del círculo, sobre el dinero, y añade unas virutas de hierro encima (esto se conoce como «alimentación»).

Continúa «alimentando» el cristal todos los días. Mientras lo haces, visualiza el dinero magnetizándose hacia ti, al igual que la calamita atrae el hierro.

Puedes dejar el montaje en el altar o, pasados siete días de alimentación, introducir tanto la calamita como el dinero en una bolsa verde y continuar alimentándola de vez en cuando. También puedes cargarla bajo una luna llena.

HECHIZO PARA CONSEGUIR UN TRABAJO

Necesitarás:

1 pizca de canela
1 pizca de albahaca
1 pizca de tomillo
50 ml del aceite
  portador que elijas
1 hoja de laurel
1 botellita o frasco
  de vidrio

Recurre a tus guías espirituales para obtener ayuda, ya sea para superar una entrevista laboral o traer suerte a una reunión de trabajo importante.

Mezcla los ingredientes. Mientras, imagina que la reunión o entrevista va bien, que les encantas y ellos sonríen y quedan impresionados contigo.

Escribe «gracias» en tu hoja de laurel y llama a tu equipo espiritual (formado por tus guías espirituales, seres queridos que te cuidan, mascotas que han fallecido y otros antepasados). Quema la hoja de laurel y bendice la poción con el humo. Deja la poción descubierta en un cuenco durante la noche y pídele a tu equipo espiritual que se conecte con la poción mientras duermes.

Por la mañana, transfiere la poción a una botella o frasco de vidrio. Cuando acudas a tu entrevista o reunión, úngete las palmas de las manos con la poción antes de estrechar la mano de alguien y, si es posible, frota una gota en una puerta de entrada al edificio.

Imagina que todo tu equipo espiritual está contigo, y sé consciente de que durante la reunión tu equipo estará allí charlando y estableciendo contactos con los equipos espirituales de los demás.

HECHIZO DINERARIO CON VELA VERDE

Necesitarás:

9 gotas de aceite esencial de pachulí

9 gotas de aceite esencial de naranja

1 pizca de manzanilla seca

1 pizca de albahaca seca

1 vela verde

7 monedas (doradas, plateadas o ambas)

7 hojas de laurel

Este es un hechizo de dinero y prosperidad para atraer dinero a tu hogar y tu negocio. Llévalo a cabo durante siete noches y ten en cuenta que será más potente durante la fase de luna nueva o luna creciente.

———————

Para hacer la poción de unción, mezcla los aceites esenciales de pachulí y naranja con las hojas de manzanilla y albahaca.

Unge tu vela con la mezcla vertiendo la poción en un plato y haciendo rodar la vela en él. Coloca la vela en el centro de un plato o una bandeja (es posible que debas derretir un poco la base de la vela con una llama a fin de que se pegue). Rodea la vela con monedas de oro y plata, y enciéndela.

En una de las hojas de laurel, escribe la cantidad de dinero que deseas que te traiga este hechizo: ¡sé generosa y no escatimes! Enciende la hoja de laurel con la llama de la vela y permite que la ceniza caiga alrededor de la base de la vela (es mejor que sostengas la hoja de laurel con unas pinzas para no quemarte los dedos).

Continúa mirando la llama y visualízate comprobando tu saldo bancario y viendo en tu cuenta la cantidad de dinero que estás reclamando.

Nota las emociones que sentirás cuando veas esta cantidad, observa en qué parte del cuerpo las sientes y aférrate a esta sensación para recuperarla y sintonizar con ella en cualquier momento. Pasa un rato ante la vela, imaginando todas las cosas que puedes hacer con el dinero cuando llegue.

Cuando quieras, apaga la vela, luego sigue encendiéndola de nuevo durante las próximas seis noches, cada vez escribiendo la cantidad de dinero que deseas en una hoja de laurel y quemándola con la vela.

Hecho todo esto, lleva las monedas en el bolso.

HECHIZO PARA EL ÉXITO EMPRESARIAL

Necesitarás:

1 foto tuya
1 mechón de tu cabello
tu tarjeta de visita o tu
   nombre profesional
   escrito en un trozo
   de papel
1 tarro de cristal
   transparente
1 pizca de albahaca
1 trozo de jengibre del
   tamaño del pulgar
1 pizca de nuez moscada
1 pizca de pimienta de
   Jamaica
1 pizca de manzanilla
1 ramita de canela
1 cristal de citrino

Usa este hechizo para bendecir y traer prosperidad a tu negocio. Inspira y conjura nuevas oportunidades, contratos y colaboraciones.

Primero, introduce tu foto, el mechón de cabello y la tarjeta de presentación en el tarro. Luego añade todas las hierbas y especias y el cristal de citrino.

A medida que lo hagas, imagina todo el éxito que está llegando a tu negocio. Dispón de papel y bolígrafo a mano, ya que es probable que se te ocurran ideas para hacer crecer el negocio.

Pasa un rato contemplando el hechizo y escribiendo tus metas y todos los éxitos que deseas. Escríbelos en forma de lista o en pasado, como si ya se hubieran hecho realidad. Añade esta lista al tarro.

Coloca el recipiente orientado al este y llama a la energía de esta dirección para atraer visiones de abundancia. Pide en voz alta que los espíritus del este bendigan tu hechizo con su magia.

DESTERRAR DEUDAS

Necesitarás:

1 cáscara de limón
1 diente de ajo, sin pelar
1 cucharadita de
    pimienta de Cayena
9 gotas de aceite
    esencial de romero
30 ml (1 fl oz) de aceite
    portador
    (2 cucharadas)
1 velita para cada deuda
cartas de deuda,
    facturas o la cantidad
    de las deudas escrita
    en trozos de papel
    separados
1 taza de sal

Mientras llevas a cabo este hechizo, presta atención a cualquier idea para desterrar la deuda. Recuerda que la magia funciona de maneras misteriosas, así que ábrete a cualquier oportunidad que surja para ayudarte a saldar tu deuda.

Tritura la cáscara de limón, el ajo y la pimienta de Cayena con los aceites en sentido contrario a las agujas del reloj en un mortero. Crea un círculo con la sal, coloca las velitas en el centro y unge cada una con unas gotas del aceite desterrador en la parte superior.

Enciende las velitas y quema cada factura o trozo de papel. Mientras arden, siente el alivio de la deuda que se disuelve. Deja encendidas las velitas hasta que se hayan consumido. Mientras el hechizo está activo, presta atención a cualquier sueño, idea, conversación y oportunidad que surja para contribuir a saldar la deuda.

CORTAR PATRONES GENERACIONALES ECONÓMICOS

Necesitarás:

1 pizca de romero
1 pizca de ruda
1 pizca de salvia
1 pizca de mirra
1 pizca de resina
   de incienso
1 disco de carbón
1 cadena fácil de romper
   (si no dispones de una,
   utiliza una cadena de
   papel)
trapo negro e hilo negro

Para el baño purificador o crema exfoliante:

3 tazas de sal marina
el zumo de 1 limón
7 gotas de aceite
   esencial de lavanda
1 taza de aceite
   portador (opcional)

Podemos arrastrar historias negativas de dificultades financieras y creencias negativas familiares. A veces estos patrones se aprenden o se heredan, y a veces vienen de nuestras vidas pasadas.

Usa este hechizo para limpiar esta energía; deja que los espíritus y antepasados que te rodean sepan que estás cambiando el patrón de la relación de tu familia con el dinero.

———————

Mezcla las hierbas y resinas en un mortero, removiendo en sentido contrario a las agujas del reloj para desterrar el poder.

Pon una pizca de la mezcla en un poco de carbón caliente (véase la p. 11). Sostén la cadena sobre el humo y visualiza el eslabón del centro de la cadena que te representa, y los eslabones unidos a ambos lados que representan vidas pasadas y generaciones anteriores. Dedica unos minutos a observar todos los vínculos y asignar cada uno de ellos a vidas pasadas, viejos contratos y reveses e historias generacionales.

Cuando quieras y estés lista para liberarte, mantén la cadena sobre el humo y rómpela.

Mientras la rompes, repite tres veces:

«Esto termina aquí y ahora conmigo.
Estos lazos generacionales no me interesan.
Historias y contratos del pasado,
rompo esta cadena y os destierro.
Gracias, universo, que así sea.»

Siente la libertad de esta ruptura. Envuelve la cadena y la mezcla restante en un paño negro y ata la parte superior con un poco de hilo negro con tres nudos apretados.

Deshazte del paquete lejos de tu casa, ya sea enterrándolo en algún lugar donde no crezca nada o tirándolo en un contenedor público. Asegúrate de hacerlo en un lugar por el que no pases a menudo.

Recomiendo un baño o ducha de purificación y renovación después de realizar un poderoso hechizo de destierro como este. Para ello, mezcla la sal marina, el zumo de limón y el aceite esencial de lavanda y añádelos al agua de un baño. Si no dispones de bañera, mezcla los ingredientes con una taza de aceite portador y úsalo como exfoliante corporal en la ducha.

Nota: este hechizo también sirve para cortar cualquier tipo de patrón generacional, no solo económico.

PORTAL
DE DINERO

Necesitarás:
1 vela negra
papel y bolígrafo
1 vela blanca

A veces, los portales que usamos para recibir se bloquean, y la única forma de reabrirlos es profundizar y conectar con nuestra sombra.

Usa este hechizo para reconocer y conectar con patrones de dinero, creencias y opiniones, limpiarlos y abrir el portal para recibir abundancia financiera.

Este es un hechizo para trabajar sombras, y con este tipo de hechizos es importante darse algo de tiempo antes y después para procesar lo que surge y lo que deba aclararse. Primero, date un baño, realiza una meditación o, mejor aún, ¡ambos! Luego, comprométete a mantener el teléfono o cualquier otro dispositivo electrónico apagado durante al menos 1 hora.

Recomendaría usar velitas de altar para este tipo de embrujos, con un tiempo de combustión de alrededor de 1 hora.

Comienza encendiendo la vela negra y prometiendo honrar tu sombra para despejarla. En la hoja de papel, responde a las siguientes preguntas:

1. ¿Qué opinión te merece el dinero?
2. ¿Qué significa el dinero para ti?
3. ¿Qué opinas de las personas con dinero?
4. ¿Cuál era la relación de tu familia con el dinero cuando eras pequeña?
5. ¿El dinero te hace sentir estresada?
6. ¿El dinero te hace sentir vergüenza?
7. ¿Cuál es tu primer recuerdo del dinero?

Date tiempo para contestar estas preguntas; tus respuestas pueden resultar muy reveladoras, por lo que necesitas tiempo para procesarlas. A medida que la vela arde y tú respondes, el hecho de reconocer estos sentimientos ayudará a desbloquear el portal.

Cuando lo hayas escrito todo, quémalo con la llama de la vela negra.

Mientras arde, repite: «Estoy libre de estas cargas financieras». Repite la frase tantas veces como quieras para conectarte con este poderoso cambio de energía.

Ahora enciende la vela blanca con la llama de la vela negra. Al hacerlo, di: «La abundancia financiera es mi derecho de nacimiento».

Una vez más, repite la frase en voz alta y clara tantas veces como quieras para conectarte con esta abundante energía.

En otra hoja de papel, escribe una carta de amor al dinero. Dale la bienvenida y describe cuánto lo amas. Incluye respuestas opuestas a todos tus sentimientos de sombra, por ejemplo, lo asombrosos que son tus recuerdos del dinero, que nunca te ha estresado y que te trae calma y sentimientos de abundancia, libertad y seguridad.

Quema este papel con la llama de la vela blanca para que el humo envíe un poderoso mensaje al universo y cree un cambio en tu frecuencia financiera. Tu portal de dinero ahora está abierto y está listo para recibir.

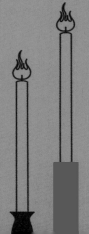

Las brujas necesitan coraje

HECHIZO PARA ESPEJO

Necesitarás:
1 espejito de mano
agua salada o salvia
  (opcional)
la flor más exótica
  que encuentres
1 cristal de jaspe
1 cuenco de agua

Encanta un espejo con luz solar poderosa para traer coraje y confianza.

———————

Primero, limpia el espejo; opta por lavarlo con agua salada o quema salvia sobre él. Añade la flor y el cristal de jaspe rojo al cuenco de agua, introduce las puntas de los dedos en el agua y piensa en una ocasión en que hicieras algo que requirió coraje.

Dedica un momento al poder de este recuerdo y siente que la energía viaja a través de tu cuerpo, a través de las puntas de los dedos y hasta el agua. Cuando sientas que has cargado el agua con tu energía, coloca el espejo en el recipiente y deja que absorba la luz del sol (es ideal que sea una hora de mucho sol, alrededor del mediodía).

Cuando retires el espejo, sécalo con un paño limpio. Tu espejo ahora está bendecido. Mira fijamente tu reflejo y cárgate de coraje.

AMULETO
PARA EL CORAJE

Necesitarás:
1 cristal de cornalina
1 pizca de albahaca
1 pizca de tomillo
1 cuadrado de tela
  naranja
unas gotas de aceite
  esencial de naranja
cordel rojo

Este embrujo invoca el coraje para gestionar cualquier cosa que se te presente. También es supereficaz para que te vean, como cuando hables en público o mantengas conversaciones difíciles.

———————

Dispón el cristal de cornalina, la albahaca y el tomillo en el centro del cuadrado de tela y añade unas gotas del aceite esencial de naranja.

Recoge todas las esquinas del cuadrado y átalas con la cuerda roja.

Al atar el primer nudo, di: «Tengo valor».

Al atar el segundo nudo, di: «Tengo confianza».

Al atar el tercer nudo, di: «Soy valiente».

Lleva el amuleto contigo y huélelo cuando necesites un impulso extra de coraje.

CORAJE PARA ROMPER CON UNA RELACIÓN TÓXICA

Necesitarás:
5 bayas de enebro
5 granos de pimienta
   negra
el zumo de 1 limón
1 vela naranja
papel y bolígrafo

Para el té (1 taza):
5 clavos de olor
el zumo de medio limón
5 ml (0,2 fl oz) de
   artemisa (1 cucharadita)

Llega un momento en una relación tóxica en que un hechizo puede ayudarte a reunir el coraje para decir «basta». Honrar tus sentimientos y marcharte es un gran acto de amor propio. Por difícil que sea alejarse, sabes que ya no puedes aceptar un comportamiento irrespetuoso ni ignorar las señales de alerta; necesitas ser fiel a ti misma.

Usa este hechizo para reunir el coraje para alejarte de una mala relación.

———————

Aplasta las bayas de enebro y los granos de pimienta, luego mézclalos con el zumo de limón. Unge la vela naranja (haciéndola rodar en un plato donde habrás añadido la poción), y mientras unges la vela, pídele que te recuerde por qué debes irte, que mereces algo mejor que este trato y que eres digna de una relación respetuosa y amorosa.

Prepara el té, y mientras la vela arde, cuenta por qué debes irte, escríbelo y quédate con la llama de la vela.

Continúa contemplándola y bebe el té, pidiéndole que te traiga visiones de empoderamiento. Imagínate viviendo una vida sin toxicidad, y expresa algunas intenciones sobre cómo te gustaría que fueran las cosas en el futuro.

Por supuesto, irse no siempre es fácil. Si es el caso, con este hechizo, pide señales y alineaciones que te ayuden a seguir adelante.

Las brujas necesitan suerte

PARA UN FUTURO AFORTUNADO

Necesitarás:

1 cucharadita de canela

1 cucharadita de
pimienta de Jamaica

7 hojas de menta

1 llave

1 mechón de tu cabello

1 cuadrado de tela
o bolsita verdes
(también vale si es un
color neutro)

Usa este hechizo para traer suerte a tu vida y abrir rutas para que lleguen buenas oportunidades.

———————

Dispón todos los ingredientes en el centro del paño o la bolsa. Sostenla con ambas manos y di:

«Invoco el poder mágico de esta llave
para abrir múltiples bendiciones para mí.
Doy la bienvenida a la suerte más elevada,
invocando la magia para encontrarla.
La abundancia viene a mí
al sintonizar con esta frecuencia poderosa.
Que esto o algo mejor me llegue.
Gracias, universo, que así sea.»

ACEITE DE LA FORTUNA PARA TODO

Necesitarás:

1 cucharadita de pimienta de Jamaica

1 cucharadita de nuez moscada molida

1 cucharadita de albahaca seca

9 gotas de aceite esencial de naranja

2 tazas de agua

recipiente pulverizador

Invita a la suerte en todos los ámbitos con este aceite. A medida que se prepara, bendecirá tu hogar con su aroma. Úsalo para ungir la entrada de tu casa, el cuerpo, tus llaves, velas, ordenador portátil y cualquier otra cosa que desees.

———————

Añade los ingredientes a un cazo y hiérvelo a fuego lento. A medida que la poción se calienta, nota cómo el aroma de pura abundancia inunda tu hogar.

Mira a tu alrededor y escribe una lista con toda la abundancia que ves.

Cuela el aceite en el pulverizador y rocía tu casa y tu aura.

TARRO DE LA SUERTE

Necesitarás:
- 1 trozo de papel con tu «número de nacimiento»
- 1 puñadito de manzanilla
- 1 cristal de citrino
- 1 joya de oro o plata
- 1 tarro de cristal transparente
- 1 vela amarilla
- 9 gotas de aceite esencial de naranja

Combinar la magia con la numerología es una forma poderosa de conectar la magia directamente contigo. Bendice tu número de nacimiento con este hechizo.

En primer lugar, para calcular tu número de nacimiento, suma todos los números de tu fecha de nacimiento para obtener un solo número. Por ejemplo, el 11 de noviembre de 1980 sería $1 + 1 + 1 + 1 + 1 + 9 + 8 + 0 = 22$, luego $2 + 2 = 4$.

Introduce la manzanilla, el cristal y la joya en el tarro, luego quema el papel con tu número de nacimiento y añade las cenizas al tarro también. Ciérralo, unge la vela con el aceite esencial de naranja y fíjala a la tapa calentando la base de la vela y asegurándola a la tapa. Colócalo todo orientado al este.

Enciende la vela y deja que se queme: puedes hacerlo de una sola vez o volver a encender la vela varias noches. Si quieres alargarlo varias noches, te recomiendo realizar el hechizo en luna nueva.

BENDICIÓN
DE BUENA SUERTE

Necesitarás:
incienso
pétalos de rosa
albahaca
canela
1 disco de carbón
1 joya que uses cada día

Un amuleto de buena suerte para llevar contigo y atraer suerte, estés donde estés.

———————

Mezcla el incienso, los pétalos, las hierbas y las especias en el sentido de las agujas del reloj en un mortero, luego añade una pizca de la mezcla sobre el carbón caliente (véase la p. 11).

Baña la joya elegida en el humo. A medida que el humo asciende, sé consciente de que está enviando una poderosa señal al universo para traerte suerte.

Todos los días, cuando mires la joya, pídele que te guíe hacia donde está la suerte ese día.

MANIFIESTO DE BRUJERÍA

Necesitarás:
1 hoja de laurel
papel y bolígrafo
1 pizca de albahaca
9 gotas de aceite esencial
   de pachulí
1 vela verde
2 cristales de calamita
   (o imanes)
virutas de hierro

Realiza este hechizo en luna nueva para fijar tus intenciones y manifestar un resultado específico.

———————

En la hoja de laurel, escribe lo que estás manifestando; podría ser solo una palabra o dos, o un símbolo. Luego, añádela a la mezcla y remueve con el aceite de albahaca y pachulí. Unge la vela con esta mezcla (echa la poción a un plato y haz rodar la vela en él).

Enciende la vela y escribe tus intenciones en un pedazo de papel. Contempla la llama mientras sostienes una calamita en cada mano. Visualiza cómo todo lo que estás manifestando se hace realidad y observa que tu frecuencia vibratoria cambia a la frecuencia de recepción. Cuando sientas que el hechizo está completo, coloca los cristales en el centro de tus intenciones escritas.

Unge las esquinas del papel con los restos de la poción. Dobla el papel y continúa alimentando las calamitas con las virutas de hierro (para saber cómo alimentarlas, véase el hechizo de la p. 90).

Las brujas necesitan amor

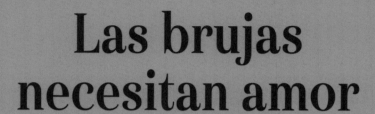

Los hechizos de amor son una de las formas más antiguas y legendarias de magia, pero hay algunas cosas importantes que recordar al crearlos.

Antes de cualquier hechizo de amor, piensa en qué es lo que quieres de una persona en una relación, y luego dátelo a ti misma primero.

Evita realizar un hechizo de amor con el corazón roto, pues puede ser complicado y la energía, muy confusa.

No prepares un hechizo de amor cuando te sientas pesimista sobre el amor o no te sientas completamente bien, ya que no conectarás con la energía correcta.

Y, lo más importante, nunca uses un hechizo de amor con alguien sin su permiso, ¡es muy poco ético! Imagina cómo te sentirías si descubrieras que estás saliendo con alguien y no fue por tu propia voluntad.

HECHIZO PARA ATRAER AMOR

Necesitarás:
2 velas rosas
cristal de cuarzo rosa
flores y hierbas secas
1 hoja de laurel
1 bolsita de terciopelo
  rosa

Nota: sería muy poco ético usar este hechizo para vincular a alguien específico contigo. En su lugar, utilízalo para atraer al mejor amor posible hacia ti.

Para atraer el amor a tu vida.

———————

Para crear tu altar, coloca ambas velas una al lado de la otra con el cristal entre ellas (para fijar las velas a un plato o bandeja, sostén una llama en la base de las velas y derrite la cera). Esparce las hojas secas y las hierbas por la base de las velas y enciéndelas.

Escribe la palabra «amor» en la hoja de laurel, enciéndela y quémala sobre las velas (puedes usar unas pinzas para sostener la hoja de laurel y no quemarte los dedos).

Deja que la ceniza de la hoja caiga sobre el altar. Mientras las velas arden, escribe una lista de todas las cosas que amas de ti misma para reconocer lo adorable que eres y para que tu futuro amante sepa el buen partido que eres. Quema las velas de una sola vez (deberían tardar alrededor de 1 hora). Recuerda que nunca debes dejar las velas desatendidas, así que si necesitas interrumpir el hechizo, apágalas y vuelve a encenderlas al regresar.

Cuando las velas se hayan consumido, retira el cristal, bésalo y colócalo en la bolsa. Toma dos pizcas de hierbas del altar e introdúcelas en la bolsa. Lleva la bolsa contigo, déjala junto a tu cama o junto a una ventana (lo que te parezca bien).

PETICIÓN DE UNA SEÑAL

Necesitarás:
1 bol de agua
1 cristal de cuarzo rosa
pétalos de rosa
1 trozo de cordel o cinta
1 anillo (mejor si es un
  simple aro)

A veces necesitas una señal para saber si tu amor está pensando en ti. Este hechizo resulta especialmente útil si te has sentido ignorada.

————————

Introduce el cristal de cuarzo rosa en el recipiente con agua. Rodea el cuenco con pétalos de rosa y pasa la cinta o cuerda a través del anillo para crear un péndulo.

Balancea el péndulo sobre el cuenco, pronuncia tu nombre en voz alta tres veces, luego di el nombre de la persona sobre la que te estás preguntando tres veces. Mientras lo dices, permite que el anillo toque el cuenco.

Ponte el péndulo a modo de collar, con el anillo tocando tu corazón, durante todo un ciclo lunar. Puedes repetir este hechizo una vez a la semana si lo deseas. Si no obtienes respuesta durante el ciclo, es hora de pasar página.

HECHIZO PARA OLVIDAR A TU EX

Necesitarás:
1 foto de tu ex, una prenda suya de ropa o un trozo de papel con su nombre completo escrito 3 veces
la raíz de una planta muerta
tela negra o una bolsa negra
cordel negro

Enfocar la energía en tu ex puede desgastarte: quieres seguir adelante, pero no dejas de pensar en esa persona. Usa este hechizo para decir adiós, y al hacerlo, crearás un espacio energético en tu corazón para acoger nuevas energías y experiencias.

Introduce la foto, la prenda o el papel en la bolsa negra o sobre la tela y añade la raíz muerta. Grita, llora o insulta al contenido de la bolsa... ¡suéltalo todo!

Junta las esquinas de la tela o cierra la bolsa y átala bien con cuerda. Deséchala en un contenedor lejos de tu casa.

HECHIZO PARA VOLVER CON TU EX

Lamento atraer tu atención con este título engañoso, pero no existe tal cosa.

A lo largo de los años he recibido innumerables correos electrónicos de personas que me piden un hechizo para recuperar a su ex. A menudo mencionan lo mal que se portó. Mi respuesta suele ser que resultaría muy poco ético realizar un hechizo contra el libre albedrío de alguien. ¡Imagínate cómo te sentirías si descubrieras que estás con alguien porque te había hechizado! Y, en segundo lugar, no desperdiciemos la magia en alguien que no nos trató bien. ¡Aprovechemos la magia para amarnos a nosotras mismas primero y luego para invocar a un amante digno de confianza y respetuoso, que devuelva tus llamadas y te demuestre respeto!

CORTAR VÍNCULOS CON TU EX

Necesitarás:
1 vela negra
tijeras
papel y bolígrafo
1 planta doméstica
1 cristal de cuarzo
 transparente

Este hechizo es útil con las exparejas, con personas que ya no quieres en tu vida o con situaciones de las que deseas alejarte.

———————

Enciende la vela negra.

Dibuja una línea en el centro de la hoja de papel, y escribe tu nombre en un lado y el nombre de tu ex en el otro. Corta el papel por la línea.

Quema el pedazo de papel con el nombre de tu ex y tira las cenizas por el inodoro.

Coloca el pedazo de papel con tu nombre en la tierra de una maceta y dispón el cristal de cuarzo transparente encima del papel.

Las brujas necesitan protección

Es importante mantenernos protegidas y llevar a cabo una buena higiene espiritual, en especial, cuando practicamos la magia. Estos hechizos están diseñados con la intención de mantenerte energéticamente segura y desterrar las vibraciones negativas.

FRASCO
DE BRUJERÍA

Necesitarás:
1 rama de salvia
  o de romero
1 frasco o tarro pequeño
  de cristal
una selección de objetos
  afilados y oxidados:
  clavos, agujas, cuchillas
  y cristal roto
sal
orina (¡debe ser tuya!)
1 vela negra

Estos frascos mantienen el mal a raya y tu hogar protegido.

————

Comienza limpiando el frasco con humo de salvia o romero. Llénalo hasta la mitad con todos los objetos afilados, luego añade una buena capa de sal. Agrega un poco de orina: esto sirve para conectarte al frasco y asegurarte de que seas tú quien esté protegida.

Cierra el frasco y séllalo con la cera de la vela negra. Para ello, enciende la vela y deja que la cera gotee alrededor del cierre.

Esconde el frasco en algún lugar de tu propiedad y fuera del camino de acceso a esta. Lo ideal sería enterrarlo frente a tu casa, pero si no dispones de un jardín o si vives en un piso, puedes dejarlo en la parte posterior de un armario, debajo del fregadero de la cocina o enterrarlo en una maceta.

POCIÓN PROTECTORA Y AMULETO DE CRISTAL

Necesitarás:

1 tarro de cristal
1 cristal de turmalina negra
1 pizca de ruda
1 pizca de tomillo
10 gotas de aceite esencial de lavanda
5 gotas de aceite esencial de incienso
2 cucharadas de aceite portador
humo de salvia
1 bolsita o un pedazo de tela y cordel

Usa esta poción para proteger y encantar el cristal, y llévalo para protegerte de la energía negativa.

————————

Introduce el cristal, las hierbas y los aceites en el frasco, luego llénalo con el humo de salvia (de una varita de salvia o quemando un poco de salvia en carbón caliente).

Cierra bien la tapa del frasco y atrapa el humo en su interior. Quema un poco más de salvia alrededor del exterior del frasco.

Pasadas siete noches, retira la turmalina negra y colócala en una bolsa de tela para llevarla contigo. Para hacer una bolsa, usa un cuadrado de tela y haz un hatillo pellizcando las esquinas para atarlas alrededor del cristal y asegurarlas con tres nudos.

Guarda el aceite y úsalo como poción de protección; esta mezcla funciona muy bien para protegerte mientras realizas hechizos. Para ello, unge el contorno de tu cuerpo y el tercer ojo con la poción.

Para recargar la turmalina negra, úngela con la poción en luna llena.

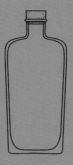

DESTERRAR
LA TOXICIDAD

Necesitarás:
raspadura de 1 limón
piel de ajo
pimienta de Cayena
10 gotas de aceite
esencial de romero
10 gotas de aceite
esencial de salvia
1 foto o descripción
escrita de lo que
deseas desterrar
1 vela negra
1 bolsa de papel
(preferiblemente
negra o marrón)

Este es un poderoso limpiador para un reinicio energético total.

————————

Mezcla la ralladura de limón, la piel de ajo, la pimienta de Cayena y los aceites en sentido contrario a las agujas del reloj para formar una pasta.

Escribe una carta de despedida a lo que desees desterrar: si necesitas permiso para enojarte, ¡lo tienes! Siéntete libre de usar blasfemias y sacar tu ira. Puedes usar una imagen o representación visual de lo que desees desterrar.

Unta la pasta por la carta o imágenes. Enciende la vela negra y deja gotear la cera por todas partes.

Mientras cubres lo que estás desterrando con la cera, siéntete empoderada: estás demostrando a esta energía tóxica que tú mandas, eres libre.

Cuando la cera negra haya cubierto la imagen o carta, introdúcela en la bolsa de papel. Puedes quemar la bolsa y su contenido o desecharla lejos de tu hogar y tirarla a un contenedor público.

Debe ser un lugar alejado de tus rutas habituales, y es mejor hacerlo con luna oscura o en fase creciente.

Fuentes externas

En ocasiones, las brujas necesitamos pedir un poco de ayuda a energías invisibles. Los y las guías espirituales, diosas, dioses, musas, espíritus familiares (y energías invisibles) pueden ser beneficiosos para tu magia, traer inspiración, poder, protección y profunda sabiduría a los hechizos y demás.

Recurrir a estas fuentes externas supone una poderosa ayuda para manifestar, sanar y adivinar. Cuando se trabaja con estas fuentes, es importante estar abierta a la manera en que estas energías podrían conectarse contigo. Mantén los ojos bien abiertos en busca de las señales que te enviarán: pueden visitarte en tus sueños o, a veces, comunicarse a través de tu voz interior.

Energía animal y familiar

Nuestros amigos de pelo, pluma o escamas con frecuencia comparten una conexión profunda e intuitiva con nosotros. Ya sea que los hayamos buscado o que hayan encontrado su camino hacia nosotros, una vez que se crea ese vínculo especial, surge el amor incondicional más puro.

A veces, estas criaturas se encuentran con nosotros místicamente y se convierten en nuestros espíritus familiares, que nos ayudan en el hechizo, nos guían con su sabiduría, nos protegen y suman poder a nuestra magia.

Es importante recordar que no todas nuestras mascotas son espíritus familiares; a menudo son simplemente adorables angelitos que están aquí para hacernos sonreír y sanar, y ser monísimos. Un animal joven puede adquirir el rol de espíritu familiar, pero un gatito debe ser un gatito antes de ser capaz de asumir ese papel.

Es probable que instintivamente sepas si tu mascota es un espíritu familiar, pero si no estás segura, hay señales. Por ejemplo, es posible que siempre quieran involucrarse cuando practicas magia, puedes notar que sus niveles de energía se ven afectados por el ciclo de la luna, tal vez los reconozcas de una vida pasada o sientas un fuerte cambio de energía cuando están a tu alrededor.

Lamentablemente, estos espíritus familiares no siempre han sido adorados y celebrados. Si nos retrotraemos a la Edad Media, durante la caza de brujas, estos animales se consideraban criaturas demoníacas, enviadas por el diablo para ayudar a las brujas.

Se creía que se alimentaban de las brujas, chupándoles la sangre. Cuando se juzgaba a las brujas, el interrogatorio incluía un examen de su cuerpo para buscar lo que llamaban «marcas de bruja», como cicatrices o marcas en la piel; se afirmaba que se trataba de las marcas de los dientes que los animales dejaban al succionar la sangre.

A lo largo de los años, las brujas y los wiccanos modernos han recuperado a los espíritus familiares, reconociéndolos como los poderosos seres energéticos que son. Si deseas que tu mascota se convierta en uno, es importante que antes le pidas permiso.

COMUNICARSE CON LOS ANIMALES

Puedes comunicarte con tu animal y conectarte con su energía sentándote cerca y siguiendo su respiración.

Cierra los ojos y visualízate preguntándole si quiere ser tu espíritu familiar. Observa cualquier cambio en la energía que sientas como respuesta: si notas resistencia, entonces la respuesta es probablemente un «no», o tal vez «no en este momento».

También puedes usar esta técnica para comunicarte con otros animales. Cada vez que desees conectar y comunicarte con un animal en un nivel más profundo, o si tienes un mensaje para darle, cierra los ojos y visualiza lo que desees comunicar. Según mi experiencia, es posible que no reciban el mensaje instantáneamente, porque a veces la comunicación telepática con los animales llega con cierto retraso.

Otra forma de comunicarse con los animales es con un péndulo. Cuando estén relajados, balancea un péndulo sobre ellos y formula una pregunta de sí o no en voz alta. Comienza con preguntas obvias de las que sepas la respuesta, para verificar que el péndulo funciona.

También puedes sintonizar con la energía psíquica de tu espíritu familiar y pedir que elija una carta de tarot u oráculo. Para eso, coloca la baraja de tarot o cartas de oráculo y deja que el animal elija algunas cartas. Puede hacerlo olfateando una carta en especial o golpeándola con la pata o la cola.

HECHIZO PARA ATRAER A UN ESPÍRITU FAMILIAR

Necesitarás:

1 cucharadita de artemisa
1 cucharadita de tomillo
2 cucharaditas de manzanilla
1 ramita de canela

Si no dispones de un espíritu familiar ni la intención de incluir una nueva mascota en tu vida, realiza este hechizo, y luego mantente alerta y recuerda tu sueño con frecuencia para que el animal se abra camino hacia ti.

Remoja los ingredientes en agua caliente, luego cuélalos en una taza. Bebe esta infusión antes de acostarte. Mientras la tomas, di estas palabras:

«Mágico animal de camino hacia mí,
encuéntrame en mis sueños.
Tu hogar estará siempre junto a tu dueño.
Que así sea. Ven a mí.»

Mientras sigues bebiendo, visualiza al animal dirigiéndose hacia ti. Deja que tu imaginación cree la historia. Al irte quedando dormida, continúa llamando al espíritu familiar para enviar una señal en tus sueños que él escuchará.

INICIAR A TU MASCOTA COMO ESPÍRITU FAMILIAR

Necesitarás:
aceite esencial de
   romero o 1 ramita
   de romero fresco
1 foto de tu mascota
   (debe ser tuya)
1 pizca de canela
1 puñado de artemisa
1 pañuelo de seda,
   1 sobre o 1 trozo
   de papel vegetal

Una vez que hayas pedido permiso a tu mascota y haya aceptado convertirse en tu espíritu familiar, realiza este hechizo para fortalecer vuestro vínculo psíquico. Este hechizo es más potente si se lleva a cabo con la luna en tres cuartos o media.

———————

Ponte una gota de aceite esencial de romero en el tercer ojo, o frota hojas frescas de romero para liberar su aroma, inhala y ponte un poco en el tercer ojo. Cierra los ojos y siente cómo el tercer ojo se abre. Dedica un rato a meditar y visualizar a tu mascota con el ojo de tu mente, luego piensa en su nombre familiar: el nombre que solo tú y tu mascota compartiréis. Debe ser secreto y no has de decírselo a nadie; solo puedes decirlo en voz alta cuando estéis los dos solos.

Cuando hayas establecido una conexión clara con el nombre y tu mascota lo apruebe, dobla la foto de tu mascota por la mitad y en un lado escribe su nombre de pila y en el otro lado el nombre de espíritu familiar. Espolvorea la canela y la artemisa sobre la imagen y envuélvela en un pañuelo de seda o un trozo de papel vegetal. Duerme con él debajo de la almohada durante tres noches.

Tal vez notes que tu mascota está más afectuosa o «habladora» durante este tiempo y podrás comunicarte telepáticamente con ella. Pasa tiempo con el animal. Si visualizas un mensaje que deseas enviarle, en general responderá con bastante rapidez.

BIGOTES Y UÑAS

En ocasiones, encontramos pelos del bigote y uñas de nuestras mascotas en casa, y pueden usarse en hechizos como elementos poderosos.

Los bigotes se pueden añadir a los hechizos de manifestación para acelerar los procesos y agregar fuerza. A veces, encontrar un pelo de bigote es una señal para usarlo en un hechizo.

Las uñas sirven para los hechizos de protección. Si encuentras una, colócala en la entrada de tu casa para mayor protección.

Nota: las uñas y los pelos del bigote solo deben usarse cuando se encuentran y nunca deben arrancarse o cortarse.

PROTECCIÓN PARA TU MASCOTA

Necesitarás:
1 pizca de romero seco
1 pizca de lavanda
1 pizca de menta seca
el collar o manta de tu
    mascota o un cristal de
    cuarzo transparente
1 disco de carbón

Usa este hechizo para mantener a tu mascota segura y protegida; el embrujo también sirve para proteger y enviar energía curativa a una mascota que no se encuentra bien.

———————

Mezcla las hierbas en el sentido de las agujas del reloj. Quema un poco de carbón caliente (véase la p. 11), luego baña el collar, la manta o el cristal de cuarzo transparente en el humo. Mientras lo haces, visualiza a tu mascota usando el collar o la manta y observa cómo la rodea una protectora luz azul brillante. Si utilizas un cristal de cuarzo transparente, báñalo en el humo y visualiza la luz azul irradiando y rodeando su cuerpo.

Mientras bañas el objeto en el humo, pronuncia las palabras:

«Humo y hierbas, volad
y bendecid a mi espíritu familiar.
Mantenedlo seguro y protegido,
y mantenednos siempre unidos.»

CELEBRACIÓN DEL ALMA DE TU MASCOTA

Necesitarás:
2 cucharadas de incienso
2 cucharadas de mirra
1 puñadito de capullos/
  pétalos de rosa
1 puñadito de lavanda
3 hojas de laurel
1 disco de carbón, para
  quemar

El dolor de perder una mascota o espíritu familiar puede ser devastador. Es importante que te permitas llorar: estás diciendo adiós a un alma con la que has compartido amor puro e incondicional.

Este ritual se puede realizar a solas o con cualquier otra persona que quiera despedirse.

_____

Mezcla todos los ingredientes, excepto el carbón, en un mortero, removiendo en el sentido de las agujas del reloj.

Crea un altar con el cuerpo de tu mascota o sus cenizas, una foto suya y flores frescas, cristales y los juguetes favoritos de tu mascota a su alrededor. Si deseas escribir algún mensaje o una carta de despedida, también puedes añadirla.

Si estáis en grupo, sentaos alrededor del altar y compartid un recuerdo feliz o especial compartido con tu animal, y agradecedle los buenos momentos vividos. Mientras, iros pasando el incienso y luego quémalo sobre carbón caliente, sabiendo que el humo lleva los mensajes de amor a tu mascota.

Guarda un poco del incienso y quémalo cada vez que la eches de menos y quieras hacerle saber que estás pensando en ella. Después de hacerlo, es posible que oigas pasos, encuentres plumas o sientas el espíritu de tu mascota frotarse contra tus tobillos.

Auras

Nuestras auras son un campo de energía electromagnética que irradia alrededor de nuestros cuerpos. Esta energía mágica brilla en todo un espectro de colores, que corresponden al lugar emocional, físico y energético en que nos hallamos.

Estos colores vibrantes se pueden capturar con una cámara especialmente diseñada, pero con un poco de práctica es posible aprender a sintonizar y ver este campo colorido de energía con tus propios ojos.

También es posible sintonizar con tu propio campo áurico y cambiar tu energía conectándote a un color que se corresponda con el ritual que estás realizando o la frecuencia energética en la que deseas entrar.

Correspondencias de colores del aura

ROJO: enérgico, fuerte, apasionado, creativo, arraigado, intrépido.

ROSA: de corazón abierto, generoso, amoroso, cariñoso, armonioso.

VIOLETA: intelecto, sabiduría, conciencia espiritual, creatividad.

ÍNDIGO: psíquico, conectado espiritualmente, en sintonía con el yo superior.

NARANJA: aventurero, considerado, atento, buen amigo, rodeado de buena gente.

AMARILLO: creativo, relajado, amigable, feliz, seguro de sí mismo, juguetón.

AZUL: intuitivo, espiritual, tranquilo, espiritualmente protegido, honesto.

VERDE: buen comunicador, abraza el crecimiento personal, la autoaceptación.

BLANCO: equilibrado, empático, protegido por guías espirituales.

NEGRO: cargado con trauma, aferrado al dolor, mente cerrada, afligimiento.

CÓMO LEER
TU AURA

Esto se puede practicar con uno mismo o con otra persona, pero siempre recuerda que debes pedir permiso para leer el aura de otra persona. Nota: funciona mejor sobre un fondo blanco.

Comienza por conectarte a tierra (véase la p. 15). Dale a tu tercer ojo unos toques suaves con las yemas de los dedos para despertarlo, luego cierra los ojos y respira profundamente. Tómate tu tiempo para conectarte con tu tercer ojo, y reconoce el poder de este portal de energía mágica.

Manteniendo los ojos físicos cerrados, imagina que tu tercer ojo se abre, y mira un rato a través de él. Observa tu entorno con él.

Ahora lentamente comienza a abrir los ojos y entreciérralos o parpadea muy rápido un instante para desenfocarlos. El objetivo es conseguir una visión borrosa a través de los ojos físicos y cambiar el enfoque al tercer ojo.

Recuerda que esto requiere práctica, así que no te preocupes si no lo ves todo de inmediato.

Mira tu propio cuerpo o el de otra persona. A medida que lo haces, examina el contorno del cuerpo. Concéntrate en el área alrededor de la cabeza y los hombros. Es posible que empieces a ver puntos o tal vez un tenue resplandor. Si ves una variedad de colores, fíjate en el que más destaque.

MODIFICAR LA ENERGÍA ÁURICA

Cuando sintonizamos con la energía de nuestra aura y nos conectamos con la correspondencia de colores de la energía en la que deseamos entrar, podemos obtener un efecto positivo en nuestros niveles de energía, espacio mental y, sobre todo, en nuestra magia.

Sintonizar la frecuencia que corresponde a un color específico crea cambios energéticos empoderadores, casi como si una capa mágica te rodeara con la energía y el poder que deseas llamar. Esta práctica está especialmente indicada para antes del hechizo; se puede aplicar para liberar tu energía si te sientes bloqueada.

Comienza pensando en los valores del color correspondiente (véase la p. 133) y a qué te gustaría conectarte. Por ejemplo, si estás nerviosa por algo y quieres cambiar tu frecuencia energética a una vibración más calmada.

Cierra los ojos y conéctate con el color correspondiente de la energía que deseas. Empieza viendo el color con el ojo de tu mente, y quédate con la imagen de ese color. Al principio, puede cambiar y desvanecerse, así que asegúrate de concentrarte en el color hasta que lo percibas vívidamente.

Cuando veas el color claro en tu mente, imagina que viaja a través de tu cuerpo, luego siente que lo irradias a tu alrededor; rodeando todo tu cuerpo con un resplandor luminoso que lo abarca todo. Ahora piensa en la energía que quieres que te traiga este color áurico; permite que tu aura aproveche esta energía y te envuelva en ella.

Esta práctica también se puede realizar a la inversa. Para ello, imagínate a ti misma viviendo con la energía deseada y notando cómo te sentirías, y mientras, visualiza el color correspondiente que te rodea.

Si te resulta difícil conectarte a esta energía, intenta frotar las palmas de las manos muy rápido durante 1 minuto; al hacerlo, estás cargando un campo electromagnético. Siente la energía que se acumula entre tus manos y concéntrate en dónde sientes esta energía. Busca un color (esto funciona mejor con un fondo blanco, por lo que te sugiero que te tiendas en el suelo y uses el techo como telón de fondo).

ATRAER
UN COLOR

También es posible llamar a tu aura. Para ello, cierra los ojos y coloca las palmas de las manos, mirando hacia ti, a unos 15-20 cm (6-8 in) de distancia. Mueve muy lentamente las palmas hacia adelante y hacia atrás, aproximadamente 2 cm (¾ in) hacia atrás y 2 cm (¾ in) hacia adelante, y comenzarás a sentir una acumulación electromagnética. Cuando la notes, imagina el color áurico correspondiente y continúa visualizando el color a tu alrededor mientras sientes que el campo energético te rodea.

Puedes experimentar con esto y pensar en distintos recuerdos que inspiren diferentes emociones y notar cómo cambian los colores.

Si te cuesta visualizar un color, intenta usar un objeto del color con el que deseas trabajar. Si lo haces así, dispón el objeto físico frente a ti y míralo, permitiendo que tu mirada se desenfoque. Cuando el color esté borroso, entrecierra los ojos y llama al color hacia ti, como si lo estuvieras invocando con un gesto. Una vez que sientas que el color está a tu alrededor, vuelve al primer paso.

Brujería y adoración

✳

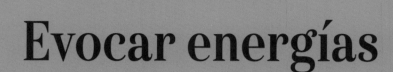

Evocar energías

Es posible pedir la ayuda cósmica de diosas, dioses, criaturas míticas, espíritus y seres mágicos. Aprovechar la energía de esta manera es poderoso con todo tipo de hechizos.

Ya sea para pedir valor, abolir obstáculos, atraer dinero, pedir orientación o protección, o simplemente aprovechar su esencia para obtener empoderamiento e inspiración, son buenos aliados.

La regla principal consiste en no aprovecharse nunca de esta energía. Promete ser respetuosa y agradecida, y reconoce siempre cuándo esta energía te ha ayudado.

Hay muchas maneras de conectarse con una deidad; ¡incluso a veces son ellas las que vienen a tu encuentro! Pueden aparecer en tus sueños o meditaciones, tal vez una carta de tarot específica sigue apareciendo en las lecturas o un animal conectado a una deidad en particular no deja de aparecer en tu vida.

También puedes investigar y elegir una deidad. Es posible que sientas una conexión con su historia o, si estás trabajando con una intención específica, es posible que ya sepas exactamente quién te ayudará en el trabajo.

Las energías de los seres humanos y los animales también se pueden atraer del mismo modo: a mí me gusta llamarlas «musas mágicas». Quizás admires a alguien o algo. Tal vez hayas observado a alguien famoso siendo entrevistado o tal vez sea la forma en que un amigo ha manejado una situación, o incluso podrías querer sintonizar con los instintos de un animal. Es posible aprovechar esta energía a través de la meditación, la visualización o creando un altar para la energía que deseas convocar.

CONECTAR CON PERSONAS, ANIMALES Y MUSAS ESPIRITUALES

Cuando te conectes con la energía de un ser, comienza por pensar en la energía que deseas conjurar. Piensa en qué te gusta de ellos, cómo te inspiran y qué cualidades te gustaría aprovechar.

Tómate tu tiempo para recuperar los recuerdos que tengas de ellos o reflexiona sobre algo que hayan dicho.

Piensa en su aspecto, su porte. Dedica un rato a meditar en todo esto para conjurar su energía y elaborar una imagen fiel de quiénes son. Permite que tu mente inconsciente construya un mapa de esta persona. Comienza a escuchar su voz y conectar con su mente, plantéate la manera en que piensa y reflexiona sobre cómo manejarían una situación.

Permítete entrar en esta frecuencia energética y permite que tu yo subconsciente encarne esta energía.

Una de mis favoritas es la gran energía felina. Llamarla resulta siempre excelente para fijar límites: los gatos son maestros en establecer límites claros, e instantáneamente te hacen saber qué es aceptable y qué no.

Si te sientes un poco apagada y necesitas activar tu energía, intenta sintonizar con la gran energía de los cachorros. Piensa en lo ilusionados y curiosos que se muestran por todo.

CONECTAR CON LAS DEIDADES

En las siguientes páginas encontrarás rituales para conectar con algunas de mis deidades y diosas favoritas, y algunos hechizos eficaces para conectarte con ellas.

HÉCATE

Magia

Se dice que la madre de todas las brujas, Hécate, es la diosa de la magia y el inframundo.

Si bien Hécate es una de las diosas griegas más honradas, su origen es también uno de los más misteriosos, con múltiples historias que intentan explicar de dónde vino. A menudo se la encuentra en la encrucijada entre el mundo de los vivos y el inframundo, siempre sosteniendo una llave para obtener acceso y una antorcha para guiar el camino.

Si quieres invocar tu energía de bruja, Hécate es tu diosa. Su energía arquetípica es la de la madre, una energía fuerte y capaz de manejar cualquier cosa. Su energía ve más allá de los velos que hayas corrido, así que si trabajas con ella, prepárate para enfrentarte a algunas verdades y trabajar algunas de tus sombras.

Para afinar tu frecuencia mágica y abrazar tu energía de bruja, necesitarás:

* artemisa
* lavanda
* una llave
* miel
* velas
* chocolate negro
* 1 disco de carbón

Prepara un altar con velas y ofrendas de chocolate negro y miel para Hécate. Crea un incienso con lavanda y artemisa y quémalo en un poco de carbón caliente (véase la p. 11). Sostén la llave y báñala en el humo del incienso antes de colocarla en el altar.

Cierra los ojos e imagínate caminando por una calle oscura y empedrada. Visualízate siguiendo a una mujer con una capa oscura con capucha. Te guía la antorcha que ella lleva. Mientras dobla esquinas y asciende por callejones, continúa siguiéndola. Al final, ella te lleva ante una puertecita que conduce a una cueva.

Mientras la sigues y entras, ella enciende una vela y te ofrece un asiento en su mesa. Se sienta, se quita la capa y ves sus ojos poderosos y penetrantes. Al establecer contacto visual con ella, permítele que te muestre de qué necesitas descargarte. Podría ser de una fuente externa, pero lo más probable es que se trate de una parte de tu sombra.

LAKSHMI

Prosperidad

Lakshmi es la diosa india que manifiesta todo tipo de prosperidad, buena fortuna y bienestar espiritual.

Se la representa como una hermosa diosa con cuatro brazos, a menudo en compañía de elefantes y sentada en una flor de loto. Todos estos símbolos representan la abundancia de riqueza para compartir.

Conéctate con la energía de Lakshmi para que te recuerde que la prosperidad y la riqueza están disponibles para ti. Para pedir la ayuda mágica de Lakshmi, coloca su imagen en un cuenco dorado en la entrada de tu casa y todos los días añade algunas monedas al cuenco. Cuando lo hagas, dale las gracias por cuidarte y sé consciente de que una abundancia de buena fortuna va de camino hacia ti.

KUAN YIN

Perdón y compasión

Kuan Yin (o Guanyin) es la diosa budista de la curación, el perdón y la compasión. Es generosa con su amor, responde a cada oración y a menudo envía una señal cuando se la llama.

Conecta con la energía de Kuan Yin para avivar el amor propio y la autocompasión. Permite que su energía te recuerde que debes ser amable contigo misma y seguir la energía de tu corazón. Recita su nombre en tu mente cuando padezcas dolor físico o emocional y siente su energía, de un perfecto tono verde menta refrescante, rodeando tu aura.

Invoca la energía de Kuan Yin para salvar obstáculos, permitirte perdonarte a ti misma o perdonar a otra persona. Recuerda que el perdón a menudo aporta sanación profunda y muchas lecciones. Suele resultar más fácil perdonar cuando una se da cuenta de lo que el dolor enseña. Cuando aprendes la lección, incluso puedes sentirte agradecida por la experiencia.

Sana tu dolor y cualquier herida. Este proceso no significa que estés aprobando lo que sucedió, pero reconocer lo ocurrido con frecuencia significa que no volverá a suceder. Abraza el enojo o miedo que sientas y deja entrar a Kuan Yin.

El perdón requiere práctica, y no es fácil, así que si te cuesta, acuérdate de invocar la suave energía de la diosa Kuan Yin. No te apresures, date tiempo y pídele a Kuan Yin que te envíe una señal.

Dispón una velita flotando en un recipiente con agua. Obsérvala flotar, su llama y las ondas apacibles del agua, y siente la calma interior en ti.

KALI

Desterrar la energía negativa y las creencias anticuadas

Kali es la diosa india de la destrucción. Eso puede sonar aterrador, pero si guardas energía estancada dando vueltas alrededor de tu sombra, Kali es la diosa que necesitas para moverla y liberarte de los grilletes. Recuerda que, cuando nos atrevemos a visitar nuestro lado oscuro, pueden producirse grandes transformaciones.

Si invitas a Kali a bailar en las profundidades de tu lado oscuro, morirán viejas costumbres, pero recuerda que con tales finales llegan grandes renacimientos.

Para llamar a la diosa Kali, puedes utilizar una figurita o una foto de ella. Enciende una vela negra y un poco de salvia y pon música que sea de alta energía (con tambores fuertes y rápidos).

Piensa en lo que quieres sacar de dentro: tal vez algo caducado de tu vida, malas relaciones con las que quieres cortar o romper el patriarcado.

Descalza, pídele a Kali que haga lo que le es propio y baila... ¡Interpreta una danza bien salvaje! Cuanto más salvaje, mejor.

ARTEMISA

Carrera y dirección

La diosa griega Artemisa era conocida por sus habilidades de caza: nunca falló un tiro y a veces era un poco despiadada. Siempre alcanzaba su objetivo. El espíritu cazador de Artemisa te ayudará a apuntar y dirigirte en la dirección correcta.

Para conectar con ella, prepara una mezcla con el aceite portador que elijas y tomillo seco, y luego unge una vela verde con la mezcla.

Enciende la vela, pronuncia el nombre de Artemisa tres veces y pídele que te muestre el camino y te envíe señales.

Su energía es rápida, como sus flechas, así que mantén los ojos bien abiertos y los oídos alerta y espera recibir una señal antes de cinco días.

EPÍLOGO

Espero que este libro haya sido una buena introducción para darte a conocer tu poder de bruja o una adición útil para tu librería de hechizos. A continuación, sigue un glosario que explica las cualidades de cada hierba, especia o planta. Esta información y el conocimiento de cómo quemar sobre carbón caliente y preparar hechizos es todo lo que necesitas para escribir los tuyos propios. ¿Qué podría representar mejor tu poder y energía de bruja que la creación de tu propia magia?

La anatomía básica de un hechizo es simple:
- Una intención, deseo o resultado claro.
- Una mezcla de cualquier aceite, planta o ingrediente que incorpore las cualidades que se desean capturar.
- Algo para mezclar los ingredientes.
- La convicción de dominar tus propios hechizos y rituales.

Los hechizos y rituales pueden contener tantos ingredientes y pasos como desees, y los que aparecen en este libro te guiarán y te ayudarán a dar forma a los tuyos. Ahora sabes, por ejemplo, que los preparados de protección o suerte pueden llevarse encima o extenderse por tu casa y cuerpo, mientras que los de destierro deben desecharse en otro lugar. Conoces el poder del sol y la luna para cargar cristales y pociones, así como el valor de la visualización y la manifestación.

Recuerda que puedes consultar mis otros libros de hechizos (*Magia para el día a día* y *Hechizos de amor*, publicado por Cinco Tintas en 2019 y 2021, respectivamente) o seguirme para obtener más magia (@mamamooncandles), así como construir tu propia comunidad de brujas y aprender de otras, todo lo cual te ayudará a labrar tu propio camino mágico. También te incluyo mi lista de lecturas recomendadas (véase la p. 155) para ayudarte a abrir aún más la mente.

En última instancia, sin embargo, no hay una manera «incorrecta» de crear magia. El elemento más crucial es tu intención y fe, y cuanto más practiques y experimentes, más crecerá tu confianza. Florece y siéntete orgullosa de ti misma como bruja moderna: ¡que tiemble el patriarcado!

GLOSARIO

Albahaca
Prosperidad, riqueza, bendiciones comerciales, suerte, paz, felicidad

Alcanfor
Protección, conexión a tierra, limpieza de herramientas mágicas

Alholva
Dinero y prosperidad, liquidación de deudas

Anís estrellado
Poder psíquico, protección astral, visiones del tercer ojo

Artemisa
Tercer ojo y despertar psíquico; trae enfoque y protección en el trabajo de brujería

Arrurruz
Trae control, fuerza de voluntad, poder personal, éxito

Benzoína
Destierra el estrés, calma el ánimo, aporta velocidad y fuerza a los hechizos, aumenta la energía y favorece la concentración

Bergamota
Edificante, energizante; trae felicidad, suerte, coraje

Canela
Bendiciones, protección, amor, pasión, buena fortuna, consciencia psíquica

Cardamomo
Coraje, suerte, estimulación, arraigo, prosperidad

Cilantro
Salud, curación, purificación y limpieza

Clavo de olor
Suerte, coraje, confianza en uno mismo, crecimiento personal

Comino
Sana corazones rotos, rompe maleficios, favorece nuevos comienzos; fortaleza emocional

Hoja de laurel
Limpia la energía negativa, purifica, protege; conexión psíquica; trae un cambio positivo, envía mensajes a los espíritus y al universo

Damiana
Energizante, afrodisíaca; abre el corazón

Enebro
Protección, amor; aumenta el poder psíquico y rompe maleficios

Galanga
Ayuda a tomar la iniciativa, inspira y despeja la niebla cerebral; energizante

Girasol
Fertilidad; energizante; sabiduría

Hierba limón
Ayuda a la comunicación, abre caminos, energiza, enfoca, inspira la creatividad

Hinojo
Coraje, protección; rompe los malos ciclos de energía, sana

Incienso
Conecta con lo invisible; potente ofrenda para los espíritus, protección para el trabajo de brujería

Jazmín
Amor, dinero, claridad y visiones psíquicas

Jengibre
Pasión, coraje, amor, dinero, éxito, poder

Lavanda
Felicidad, bendiciones, paz, fuerza interior y conexión psíquica

Limón
Limpieza, purificación, nuevos comienzos

Madera de cedro
Despierta la sabiduría, conecta con tu ser superior; curación, éxito personal

Manzanilla
Felicidad, prosperidad en el hogar, buena suerte, nuevos comienzos

Mejorana
Amor, protección contra el mal

Menta
Prosperidad, sanación, protección

Menta piperita
Renovación, nuevos comienzos, mente clara

Milenrama
Paz interior; despeja la negatividad; conciencia personal

Mirra
Ofrenda para los espíritus, curación, protección psíquica

Nuez moscada
Prosperidad, buena fortuna, romance

Pachulí
Potente magnetizador, atrae la suerte y la duplica

Pétalos o capullos de rosa
Amor, autoestima, felicidad, paz

Pimienta de Jamaica
Suerte, buena fortuna, prosperidad; amplifica la suerte en hechizos

Resina del árbol de sangre de dragón
Buena fortuna; bendice los deseos, trae suerte y poder extra a las intenciones

Romero
Protección, purificación, visiones psíquicas, salud, curación

Salvia
Protección; purifica, limpia

Sándalo
Sanación, bendiciones, buena suerte; conecta con la luna

Tomillo
Coraje; conecta con la voz, intuición y fuerza interiores

Vetiver
Ayuda a superar el miedo y romper maleficios; aporta tranquilidad

LECTURAS RECOMENDADAS

Si te apetece explorar cualquier tema de este libro y profundizar en otros, estos son algunos de los títulos que han inspirado la magia y los rituales del que tienes en las manos:

Brujas, de Mona Chollet

Mi belleza no es cosa tuya, de Florence Given

Witches, Feminism and The Fall of the West, de Edward Dutton

El segundo sexo, de Simone de Beauvoir

Aquí ahora, de Ram Dass

La liberación del alma, de Michael Singer

Women Without Kids, de Ruby Warrington

Ugly, de Anita Bhagwandas

ÍNDICE

A

afirmaciones 16

altares 13

amor 52-53, 110

    Aceite para sanar corazones 64-65

    Hechizo para atraer amor 111

    Petición de una señal 112

amuletos: Poción protectora y amuleto de cristal 118

ancestros 16, 21

animales 124-125, 142

    Celebración del alma de tu mascota 131

    Comunicarse con los animales 126

    Iniciar a tu mascota como espíritu familiar 128-129

    Protección para tu mascota 130

arraigo 15

Artemisa 149

auras 132-137

autoaceptación

    Aceite «basta ya» para el poder corporal 68-69

    Poción «yo soy yo» 60-61

autoestima 52-53

    Aceite para desterrar el síndrome de la impostora 62-63

    Hechizo radical para amarte desde dentro 72-73

    Poción «yo soy yo» 60-61

    Ritual para casarte contigo 80-81

B

baños 13, 96-97

belleza

    Aceite facial empoderador 58

    Escudo protector hidratante 59

    Exfoliante metamórfico 56-57

    Renacimiento para redefinir tu concepto de belleza 70-71

brujas 21-23, 24-25, 125

C

calamita

    Magnetismo dinerario 90

    Manifiesto de brujería 109

carrera profesional 149

citrino

    Hechizo para el éxito empresarial 94

    Tarro de la suerte 107

colores 133

    Atraer un color 137

comparación: Hechizo para desterrar la comparación 76-77

compasión 147

coraje

    Amuleto para el coraje 102

    Bendición de fortuna para los audaces 79

    Hechizo para espejo 101

cornalina: Amuleto para el coraje 102

cristales 11

cuarzo rosa

    Hechizo para atraer amor 111

    Petición de una señal 112

cuarzo transparente

    Cortar vínculos con tu ex 115

    Descanso rápido y reinicio 46

    Renacimiento para redefinir tu concepto de belleza 70-71

    Hechizo para honrar un error cometido 84-85

culpa

    Hechizo para honrar un error cometido 84-85

Hechizo para honrar tu sombra y sanar tu culpa 82-83

D

deidades 143-149

derechos humanos: Mi cuerpo, mi decisión 44-45

descanso: Descanso rápido y reinicio 46

deudas: Desterrar deudas 95

dinero
  Cortar patrones generacionales económicos 96-97
  Desterrar deudas 95
  Hechizo dinerario con vela verde 92-93
  Hechizo para el éxito empresarial 94
  Magnetismo dinerario 90
  Polvos del dinero 89
  Portal de dinero 98-99

dioses y diosas 143-149

dirección 149

E

elementos 14, 23

energía: Evocar energías 140-141

energía negativa 148

errores: Hechizo para honrar un error cometido 84-85

esmeralda: Hechizo para honrar tu camino y vivir a tu manera 74

espacio: Hechizo para ocupar tu sitio 40

espejos: Hechizo para espejo 101

espíritus familiares 124-125
  Hechizo para atraer a un espíritu familiar 127
  Iniciar a tu mascota como espíritu familiar 128-129

exfoliantes
  Exfoliante metamórfico 56-57
  Pasos mágicos 67

exfoliar: Exfoliante metamórfico 56-57

explotación: Hechizo para desterrar la explotación 38

F

fotos
  Hechizo para desterrar a los tiranos 39
  Hechizo para el éxito empresarial 94
  Hechizo para olvidar a tu ex 113
  Hechizo radical para amarte desde dentro 72-73

G

guías espirituales 16, 21

H

Hécate 144-145

hidratante: Escudo protector hidratante 59

I

igualdad: Mi cuerpo, mi decisión 44-45

incienso 11

ingredientes 10-11

intenciones 8
  Manifiesto de brujería 109

J

jaspe: Hechizo para espejo 101

joyas
  Bendición de buena suerte 108
  Ritual para casarte contigo 80-81
  Tarro de la suerte 107

justicia
  Mi cuerpo, mi decisión 44-45
  La protesta es poder 47

K

Kali 148

Kuan Yin 147

L

lapislázuli: Hechizo para invocar tu voz 33

límites: Hechizo para fijar límites 42

limpieza 13
    Exfoliante metamórfico 56-57
llaves: Para un futuro afortunado 105

M
magia 8-11
manifiesto: Manifiesto de brujería 109
mantras 16
mascotas *véase* animales
mujeres: Mi cuerpo, mi decisión 44-45

N
negocio: Hechizo para el éxito empresarial 94

O
ojos: Poder de visión 32
opresión: Hechizo contra la injusticia de la opresión 43

P
patriarcado 7
    Hechizo para despejar obstáculos patriarcales 34-35
péndulos: Comunicarse con los animales 126
perdón 147
pies: Pasos mágicos 67
positividad corporal 54-55
    Aceite «basta ya» para el poder corporal 68-69
    Exfoliante metamórfico 56-57
prosperidad 146
protección 116
    Frasco de brujería 117
    Poción protectora y amuleto de cristal 118
    Protección para tu mascota 130
puntos cardinales 14

Q
querer agradar: Hechizo para dejar de querer agradar a todos 36-37

R
relaciones 110. *Véase también* amor

Aceite para sanar corazones 64-65
Cortar vínculos con tu ex 115
Hechizo para cuando te ignoran 48-49
Hechizo para honrar tu soltería 78
Hechizo para olvidar a tu ex 113
Hechizo para volver con tu ex 114
relajación: Descanso rápido y reinicio 46
rituales 12-14, 16

S
salud: Elixir Diosa Verde para el organismo 66
soltería: Hechizo para honrar tu soltería 78
sueños y deseos: Hechizo para honrar tu camino y vivir a tu manera 74
suerte
    Aceite de la fortuna para todo 106
    Bendición de buena suerte 108
    Para un futuro afortunado 105
    Tarro de la suerte 107

T
tiranos: Hechizo para desterrar a los tiranos 39
trabajo con sombras
    Hechizo para honrar tu sombra y sanar tu culpa 82-83
    Portal de dinero 98-99
trabajo de brujería 12-14, 150
turmalina negra
    Poción protectora y amuleto de cristal 118
    Hechizo para fijar límites 42

V
validación: Hechizo para desterrar la necesidad de aprobación 41
visualización 17
voz: Hechizo para invocar tu voz 30-31, 33

AGRADECIMIENTOS

¡Gracias a Kate Pollard por darme otra oportunidad de escribir un libro, y a Matt Tomlinson por descifrar mi primer borrador y sacarle brillo!

A toda mi familia de las redes sociales y a todos los clientes que he conocido practicando magia: ¡gracias por todo vuestro apoyo, por darme un propósito y por reír con todos mis memes de gatos!

Gracias a mis ayudantes, Hannah y Chloe, por cuidar de Mama Moon mientras me tomaba tiempo para escribir este libro.

Mi amor y gratitud para mis amigos Suwindi, Ryan, Banos, Ayalah y Cairine (o Ma), gracias a todos por compartir diatribas apasionadas, por animarme, por inspirarme siempre y ser tan divertidos. Sois mi familia y os amo con todo mi corazón.

Por último, una mención especial a mis gatos, Teddy y Fonzy, que han estado acurrucados a mi lado ofreciendo ronroneos y cabezazos de apoyo mientras escribía este libro.

ACERCA DE LA AUTORA

Semra se inspira en muchas fuentes y aprendizajes diferentes y centra su trabajo en honrar la energía de la luna y aprovechar la energía de las plantas, los símbolos, los aromas y el subconsciente, sintonizando con sus vibraciones específicas y energías únicas para ayudarte a establecer intenciones y realizar hechizos.

Semra cree firmemente que, con fe en lo desconocido y un poco de magia, se abren las puertas a múltiples posibilidades y personas empoderadoras. La misión de su vida es difundir vibraciones cósmicas por todo el mundo.

@mamamooncandles
www.mamamooncandles.com

La edición original de esta obra ha sido publicada en 2023
en el Reino Unido por OH Editions, sello editorial de Welbeck
Publishing Group, con el título

Big Witch Energy

Traducción del inglés
Gemma Fors

Av. Diagonal, 402 – 08037 Barcelona
www.cincotintas.com

Primera edición: marzo de 2024

Impreso en China
Depósito legal: B 16777-2023
Código Thema: VXWT
Brujería y «wicca»

ISBN 978-84-19043-37-5